Casa vittoriana Libro da Colorare

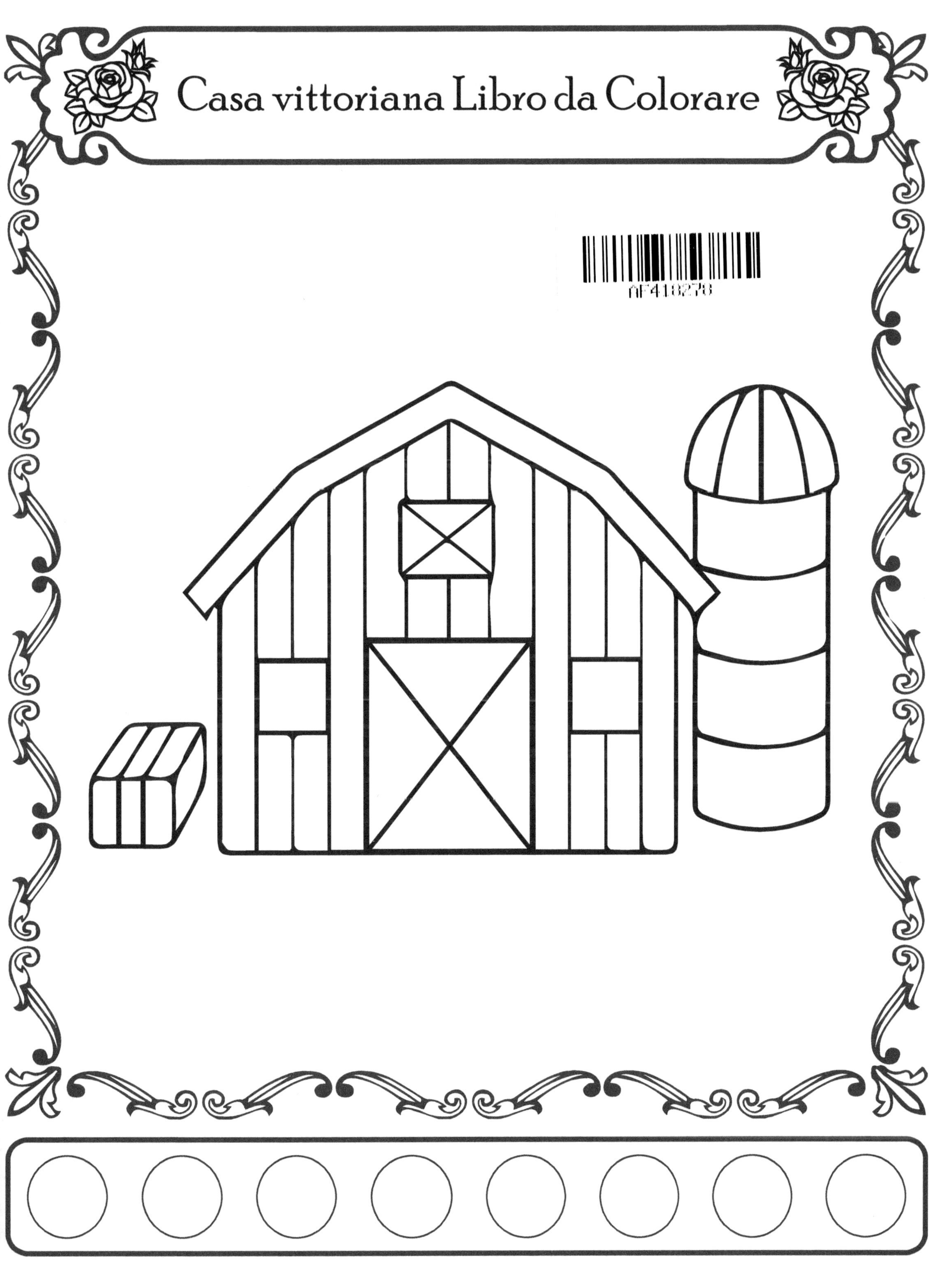

Casa vittoriana Libro da Colorare

Casa vittoriana Libro da Colorare

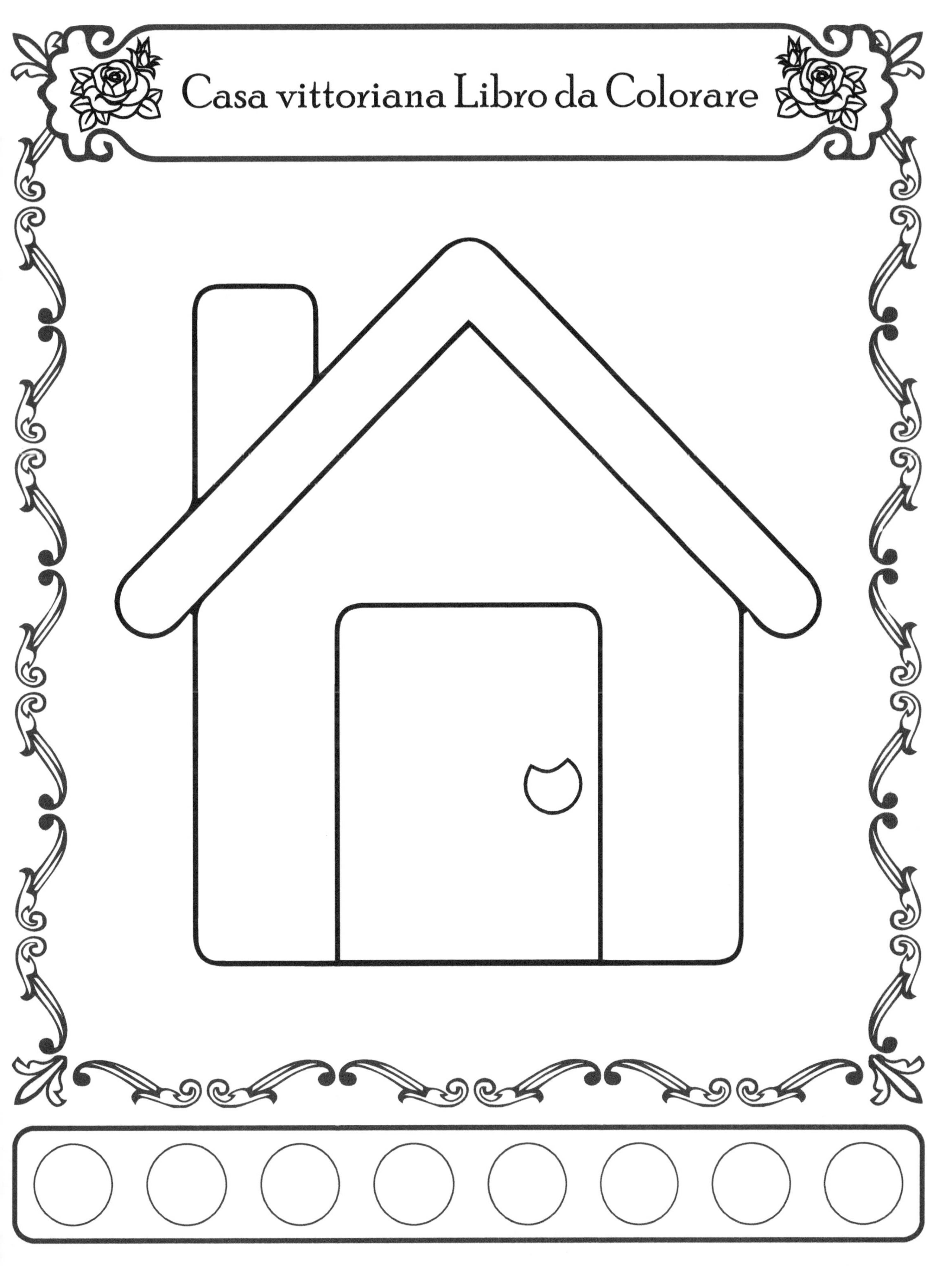

Casa vittoriana Libro da Colorare

Casa vittoriana Libro da Colorare

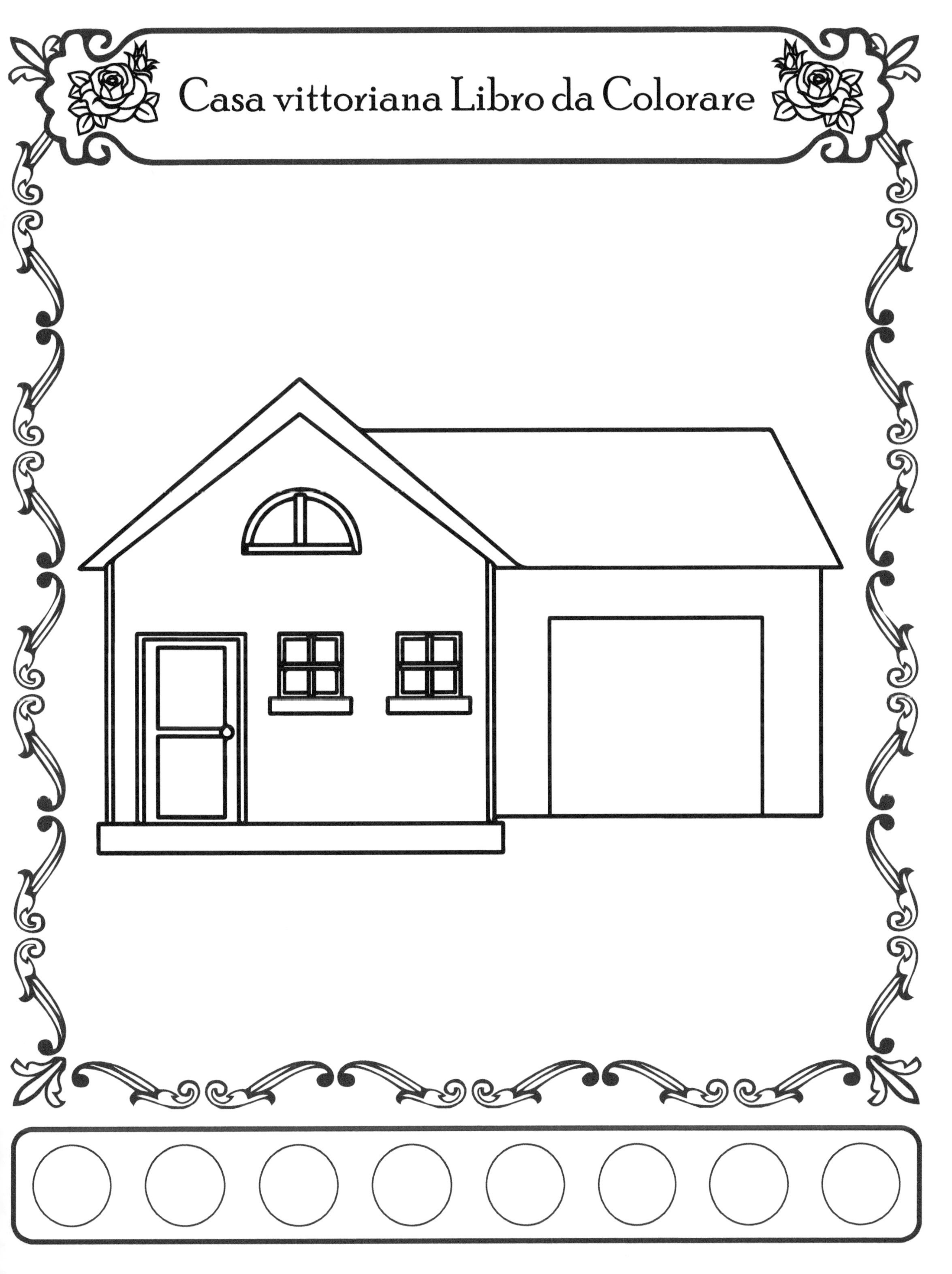

Casa vittoriana Libro da Colorare

Casa vittoriana Libro da Colorare

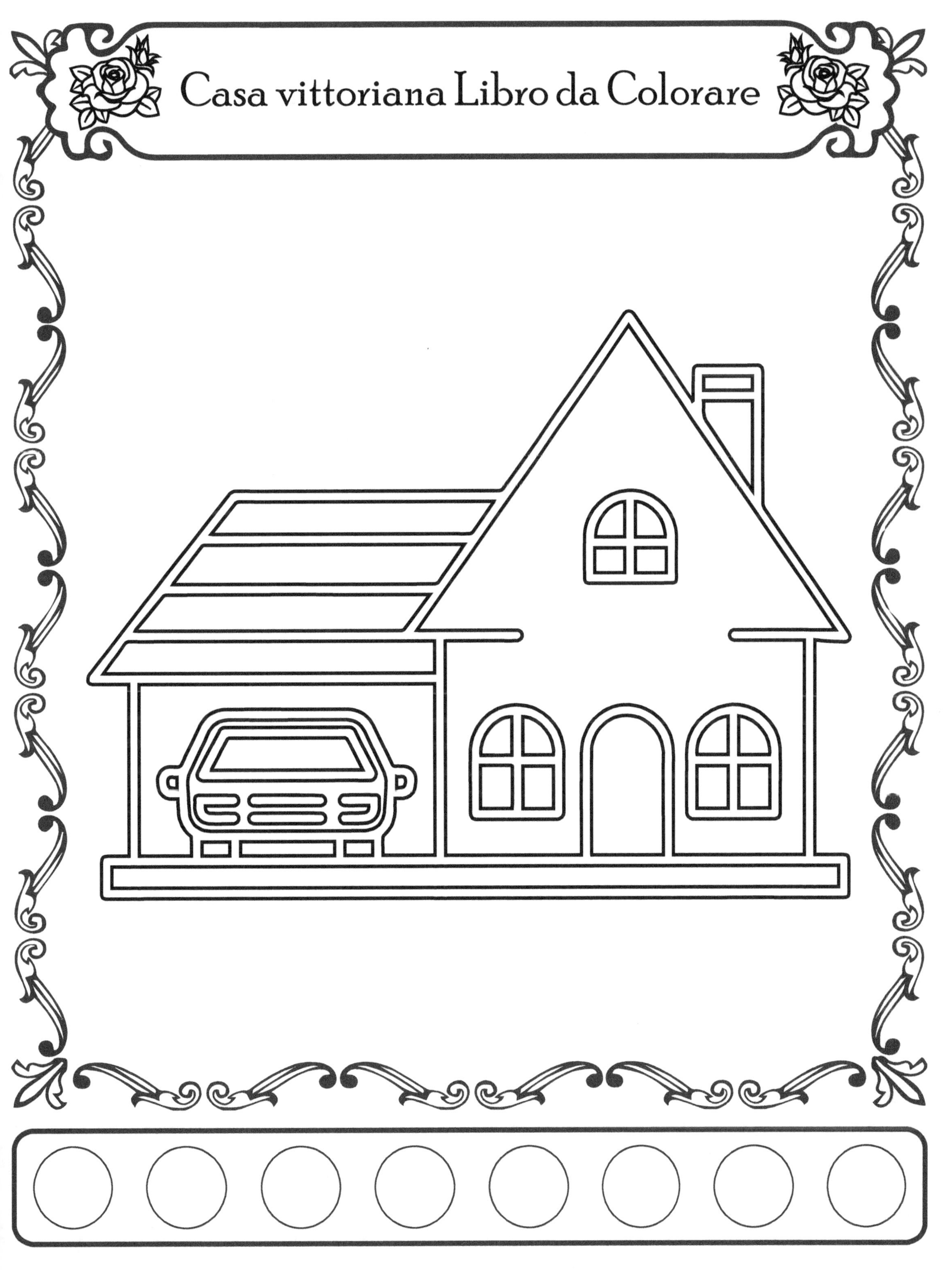

Casa vittoriana Libro da Colorare

Casa vittoriana Libro da Colorare

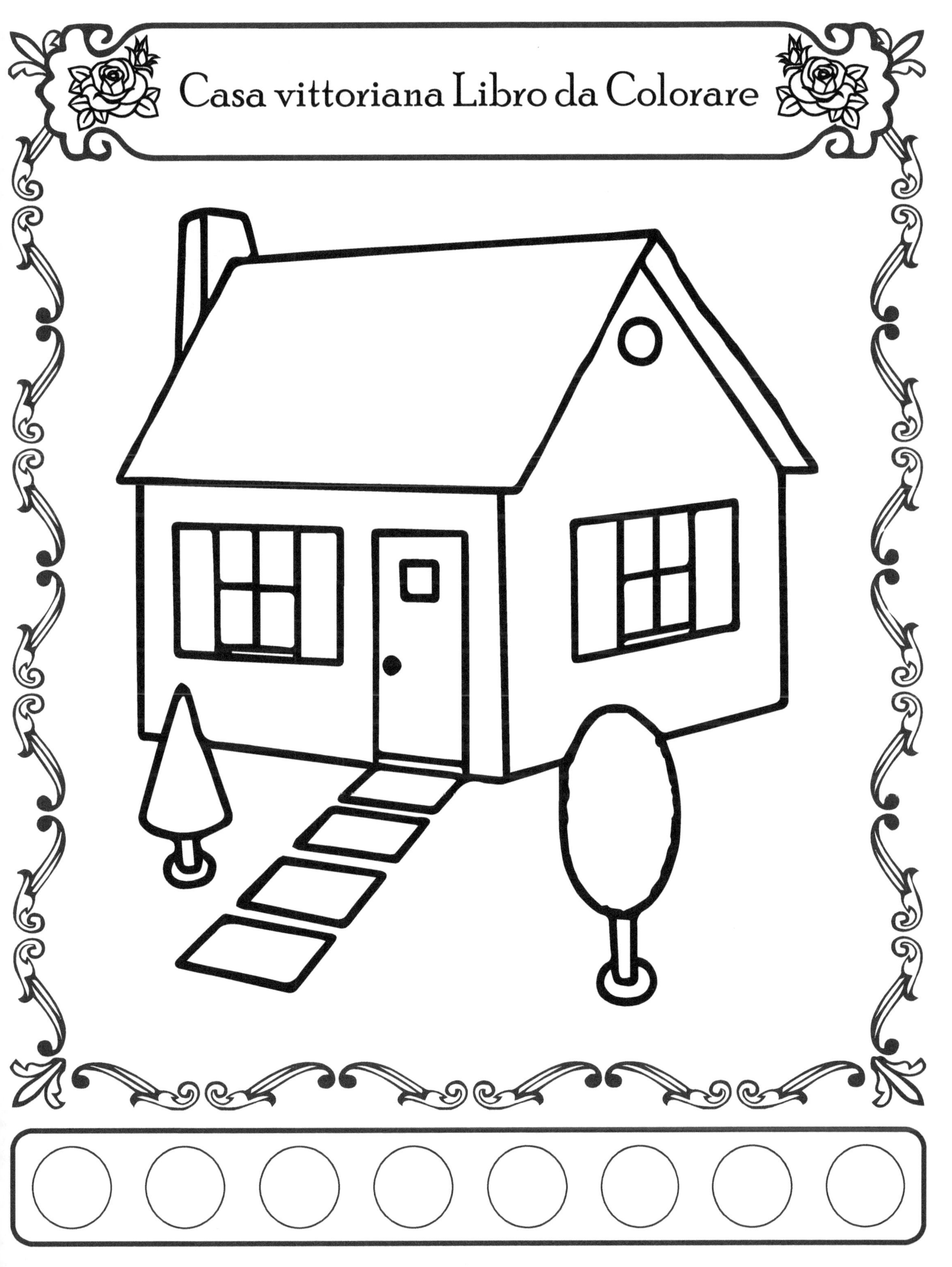

Casa vittoriana Libro da Colorare

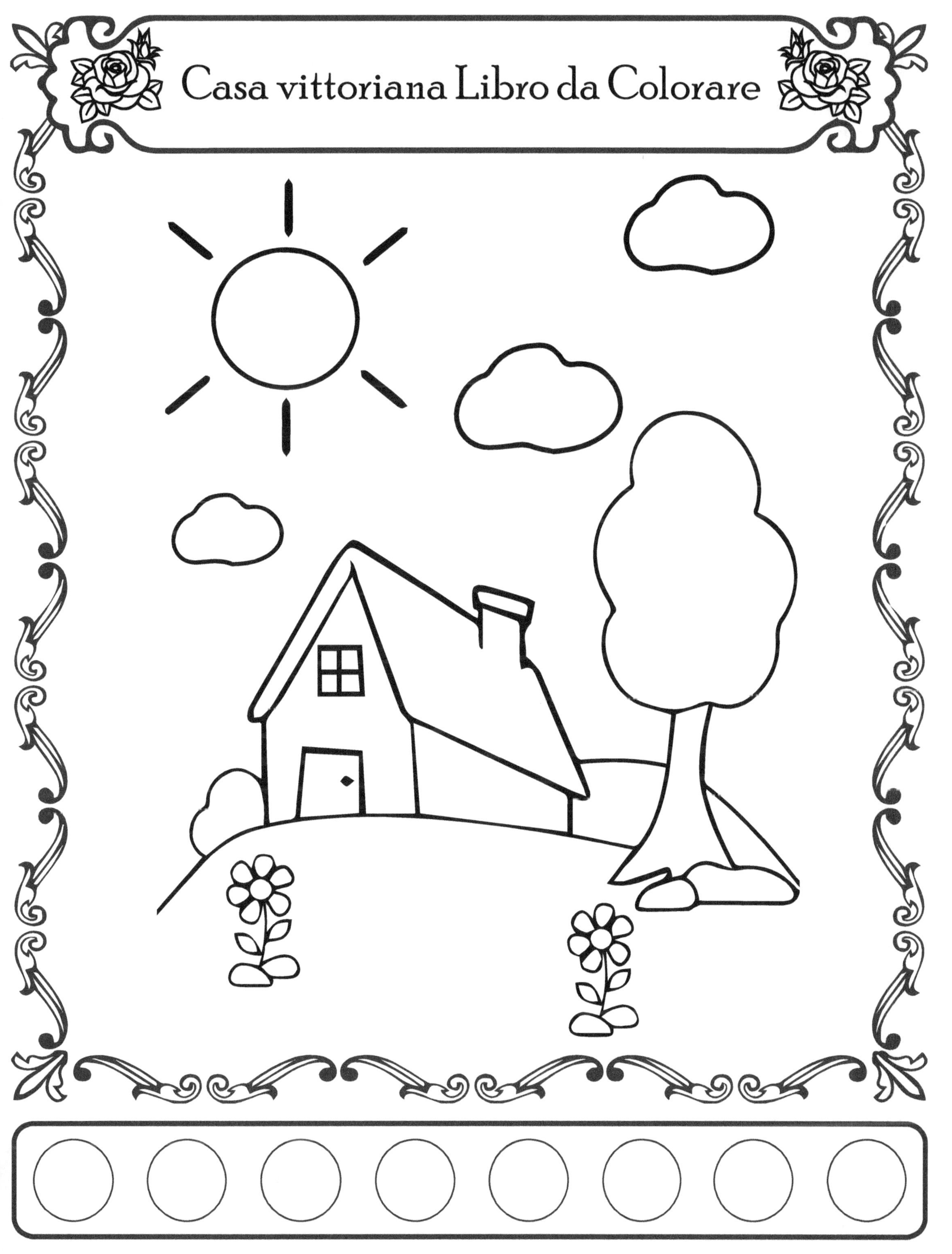

Casa vittoriana Libro da Colorare

Casa vittoriana Libro da Colorare

Casa vittoriana Libro da Colorare

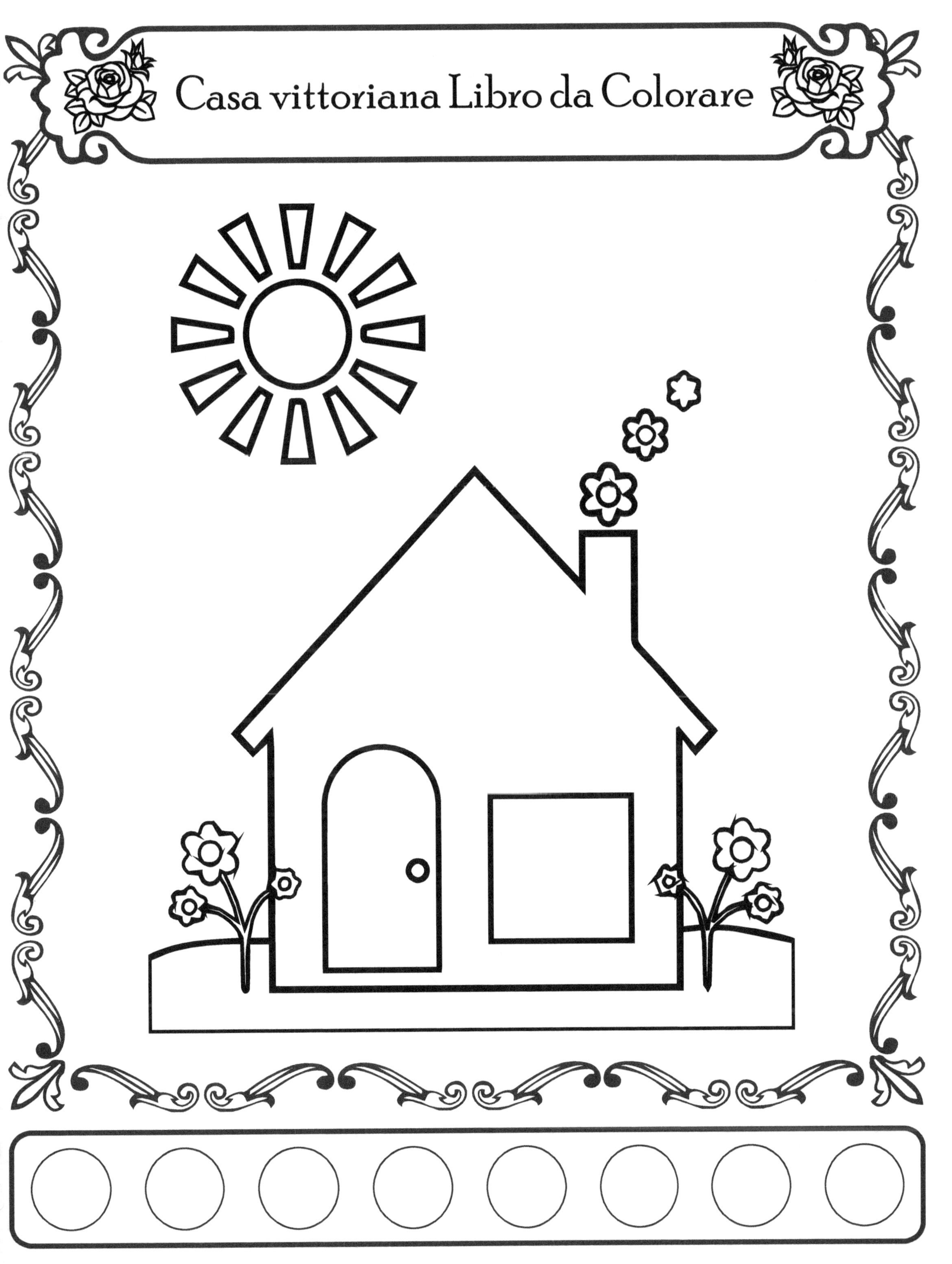

Casa vittoriana Libro da Colorare

Casa vittoriana Libro da Colorare

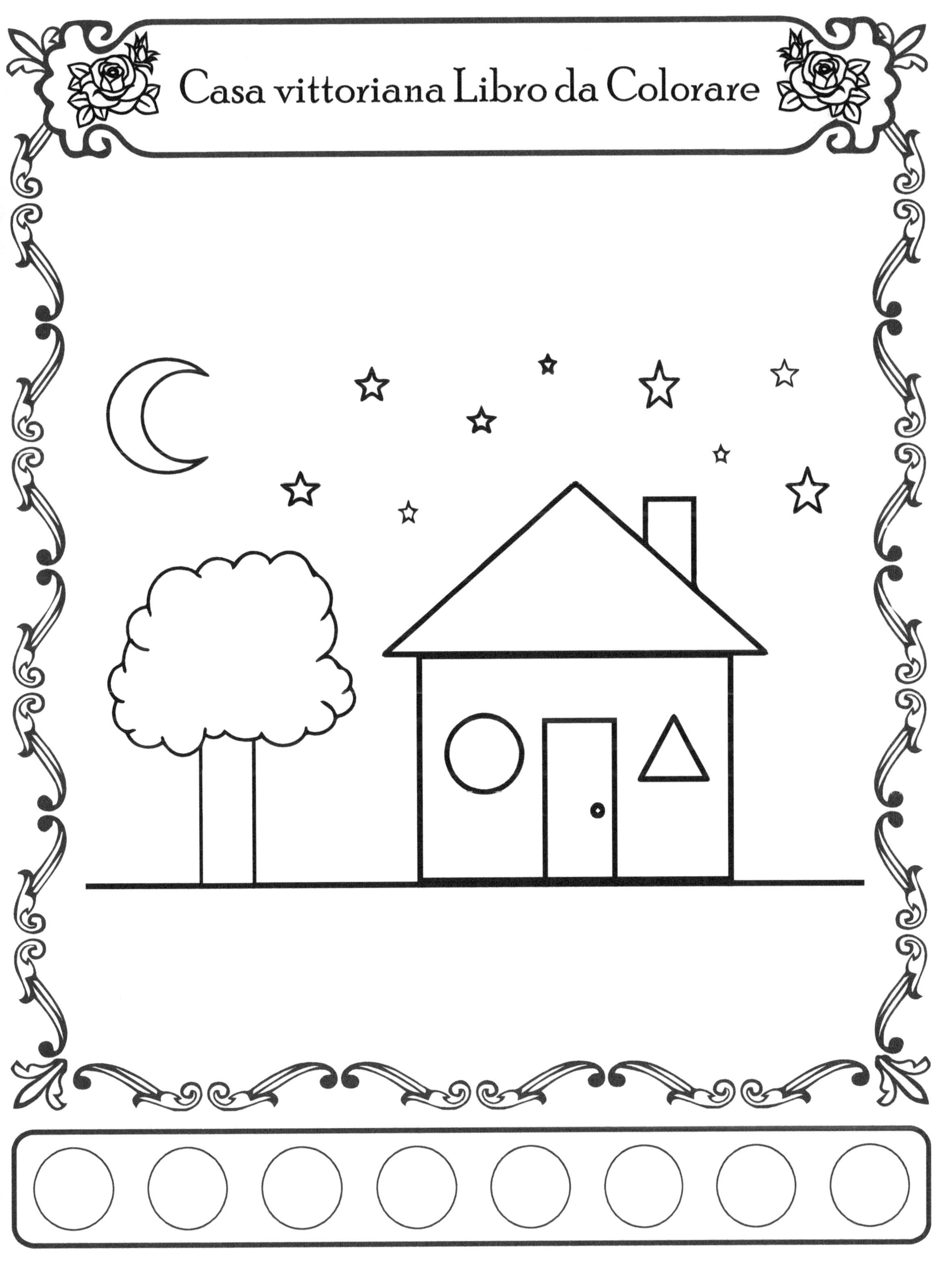

Casa vittoriana Libro da Colorare

Casa vittoriana Libro da Colorare

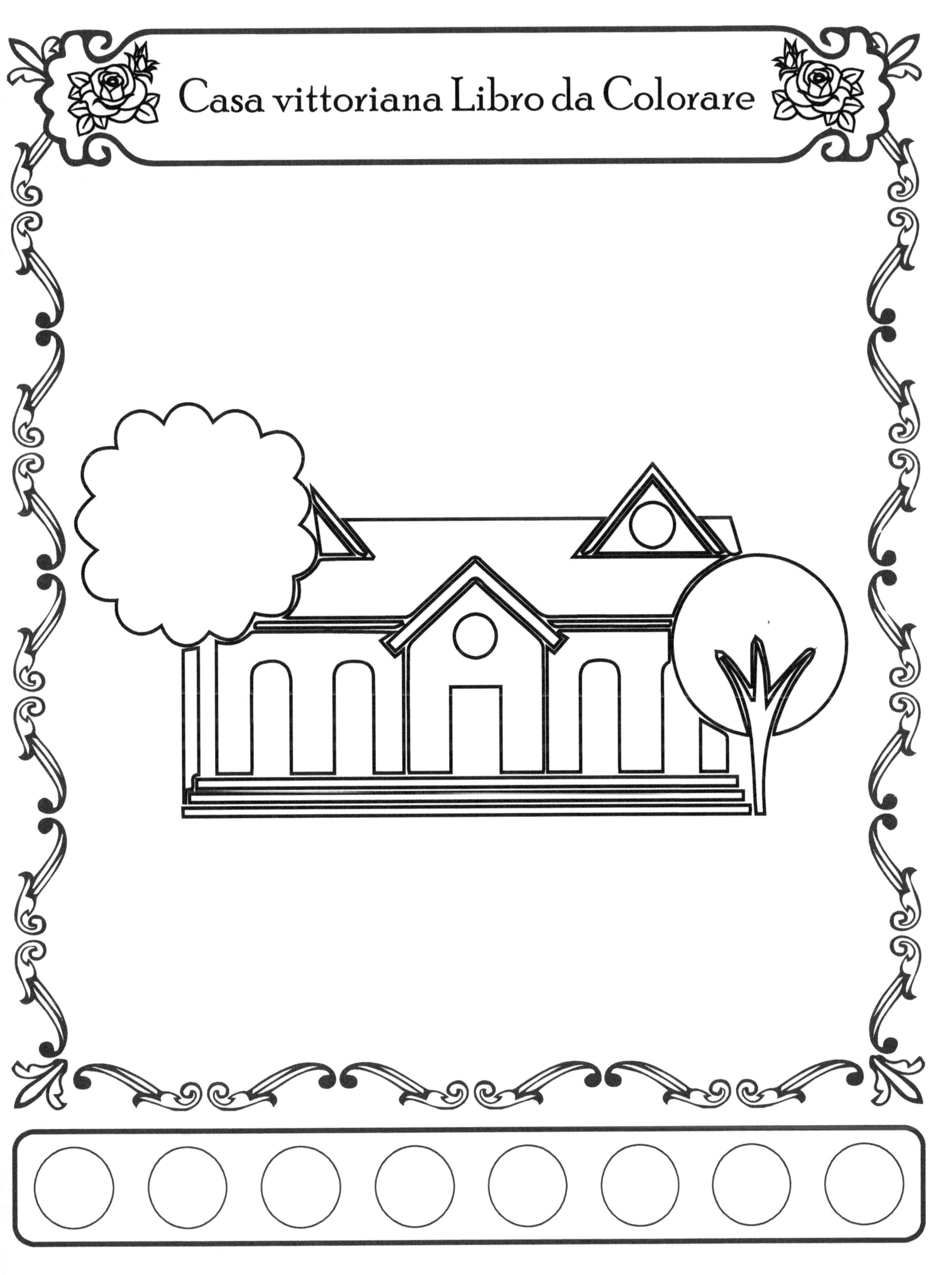

Casa vittoriana Libro da Colorare

Casa vittoriana Libro da Colorare

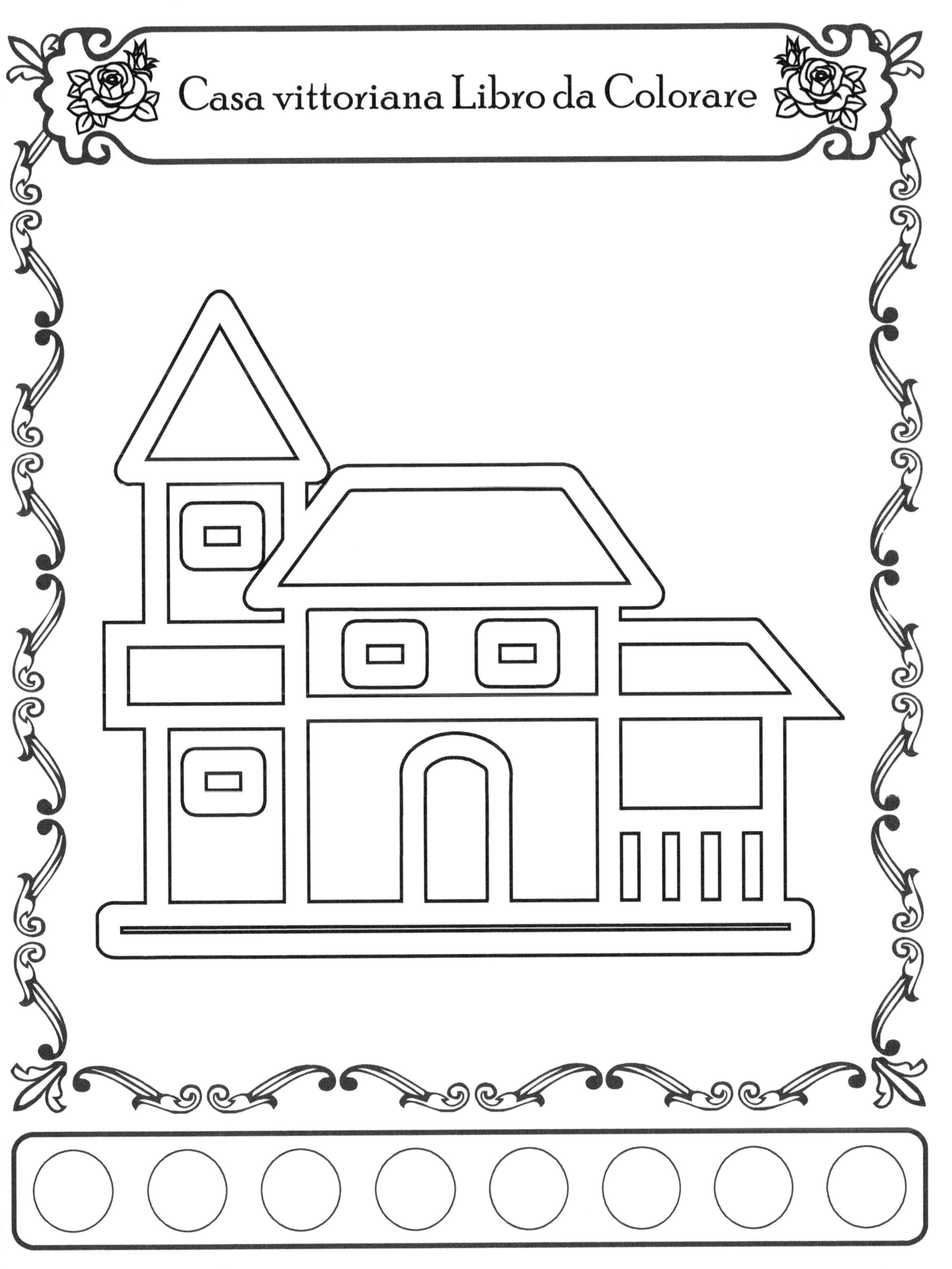

Casa vittoriana Libro da Colorare

Casa vittoriana Libro da Colorare

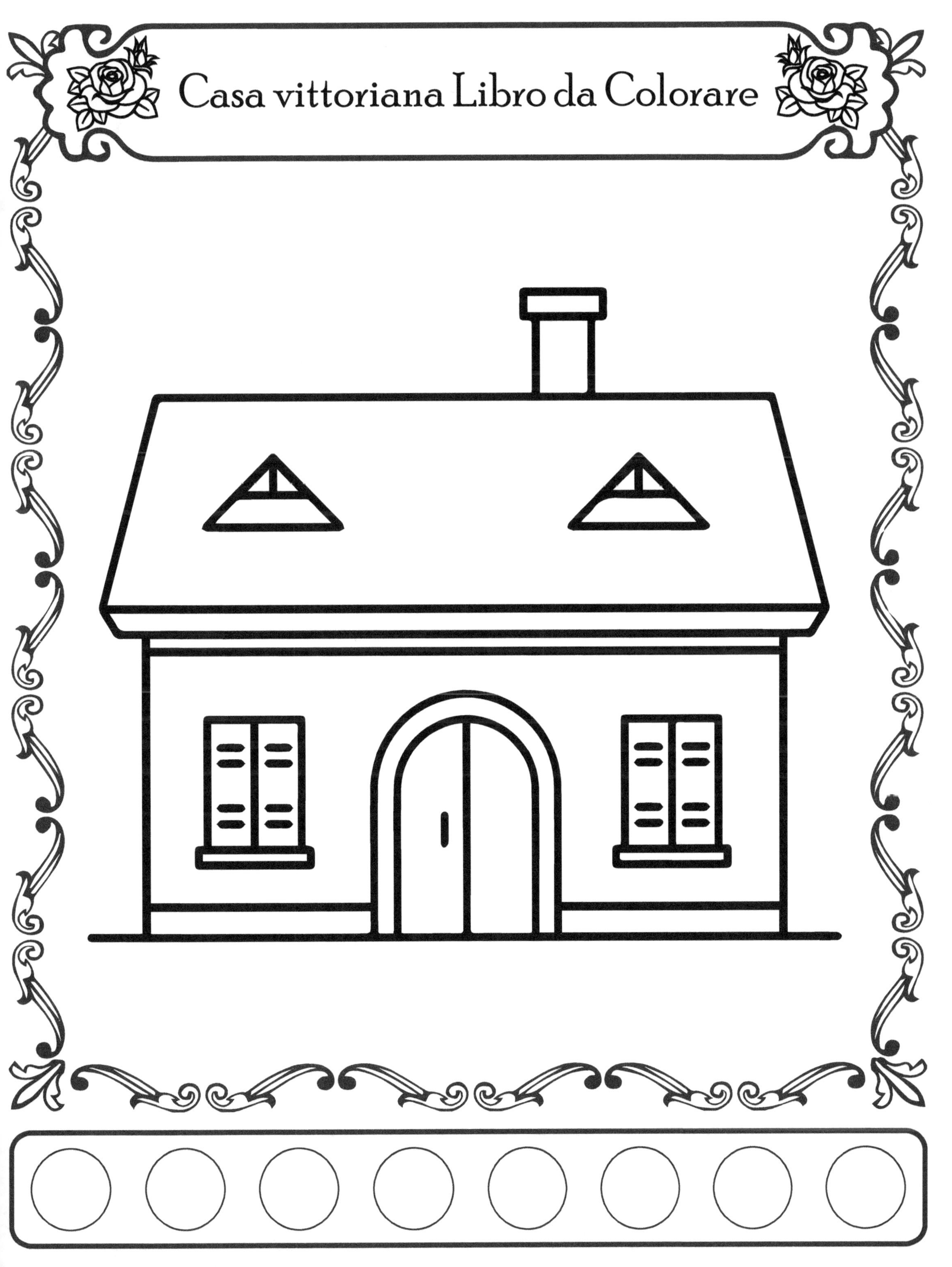

Casa vittoriana Libro da Colorare

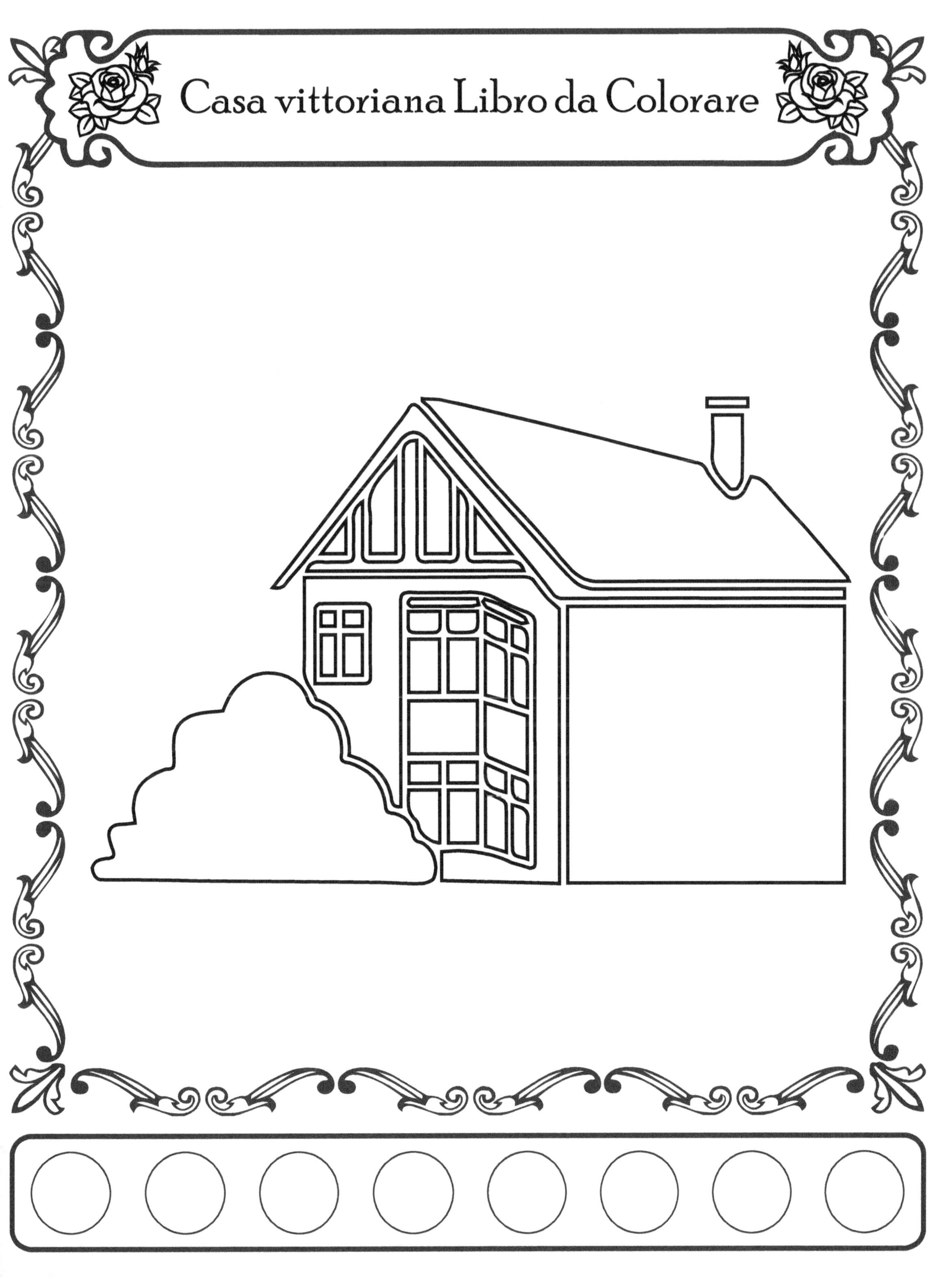

Casa vittoriana Libro da Colorare

Casa vittoriana Libro da Colorare

Casa vittoriana Libro da Colorare

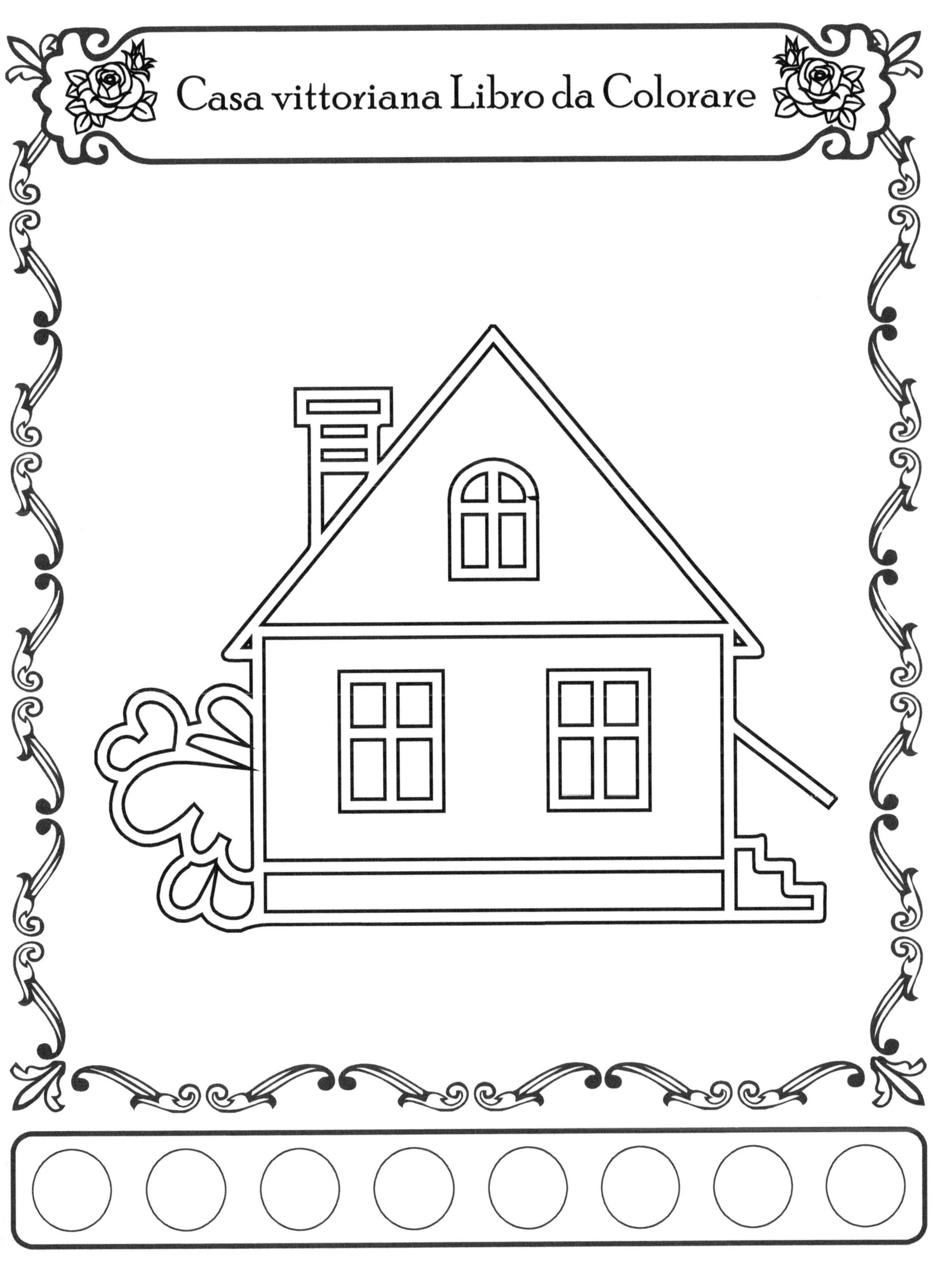

Casa vittoriana Libro da Colorare

Casa vittoriana Libro da Colorare

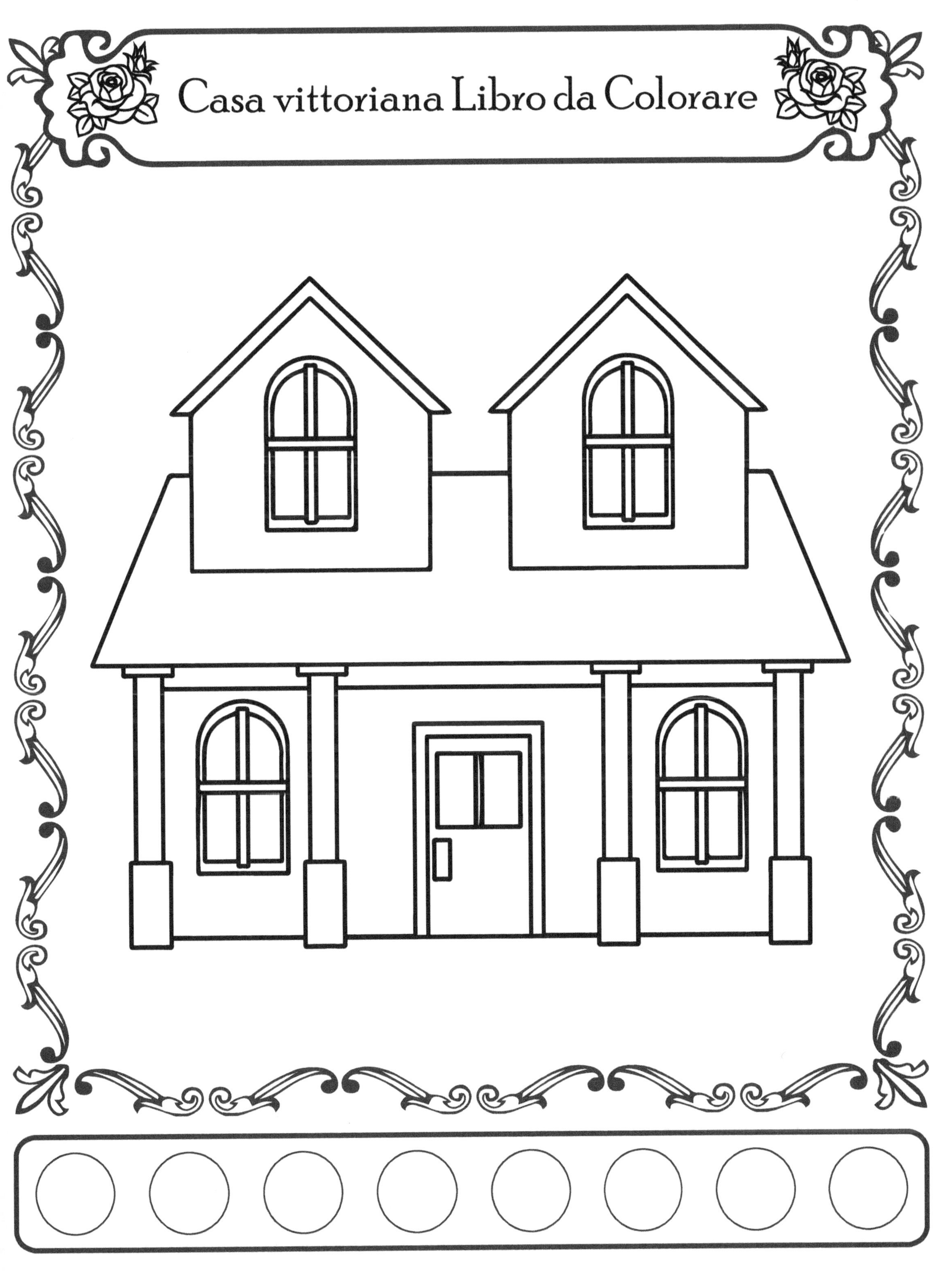

Casa vittoriana Libro da Colorare

Casa vittoriana Libro da Colorare

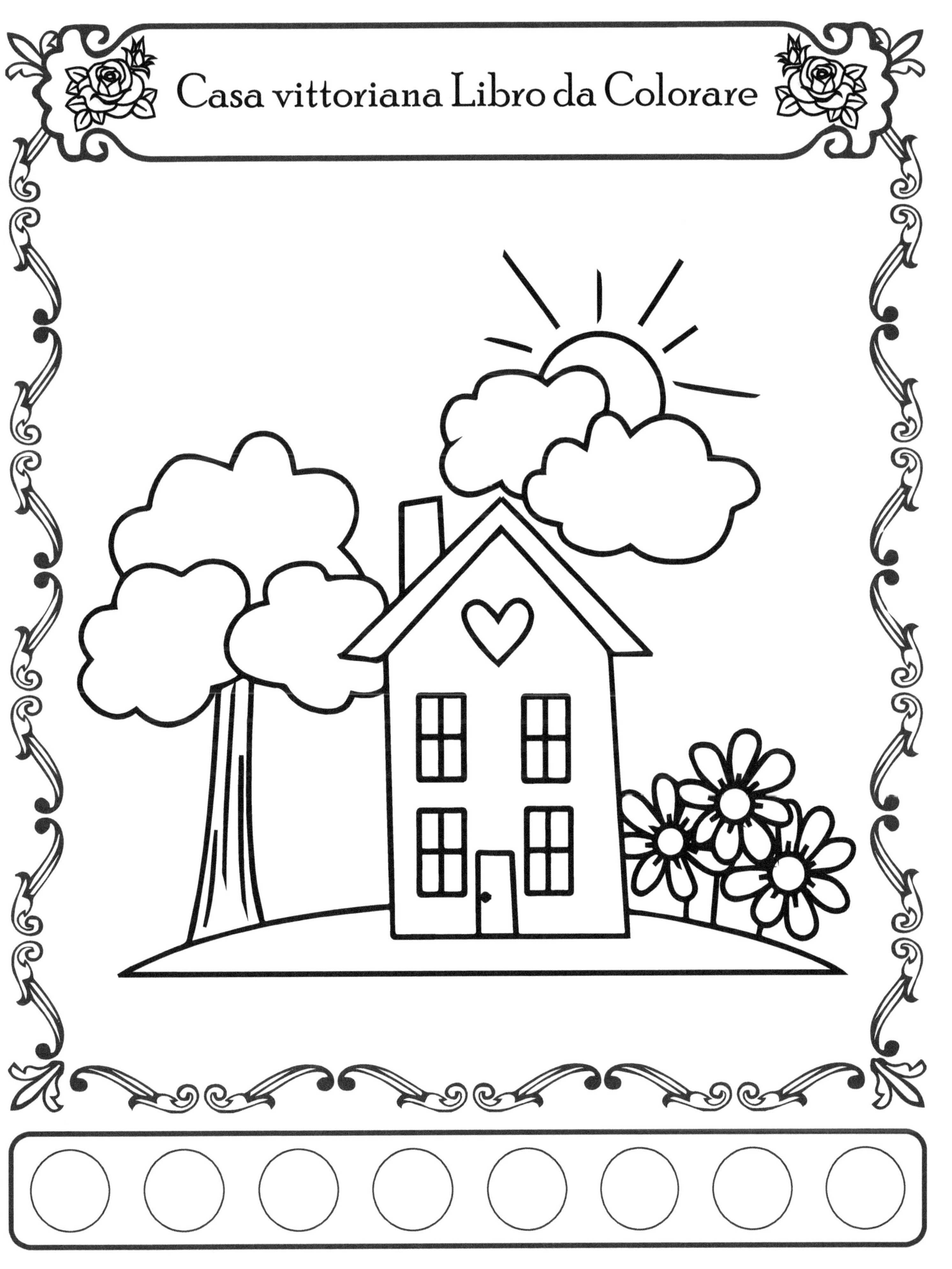

Casa vittoriana Libro da Colorare

Casa vittoriana Libro da Colorare

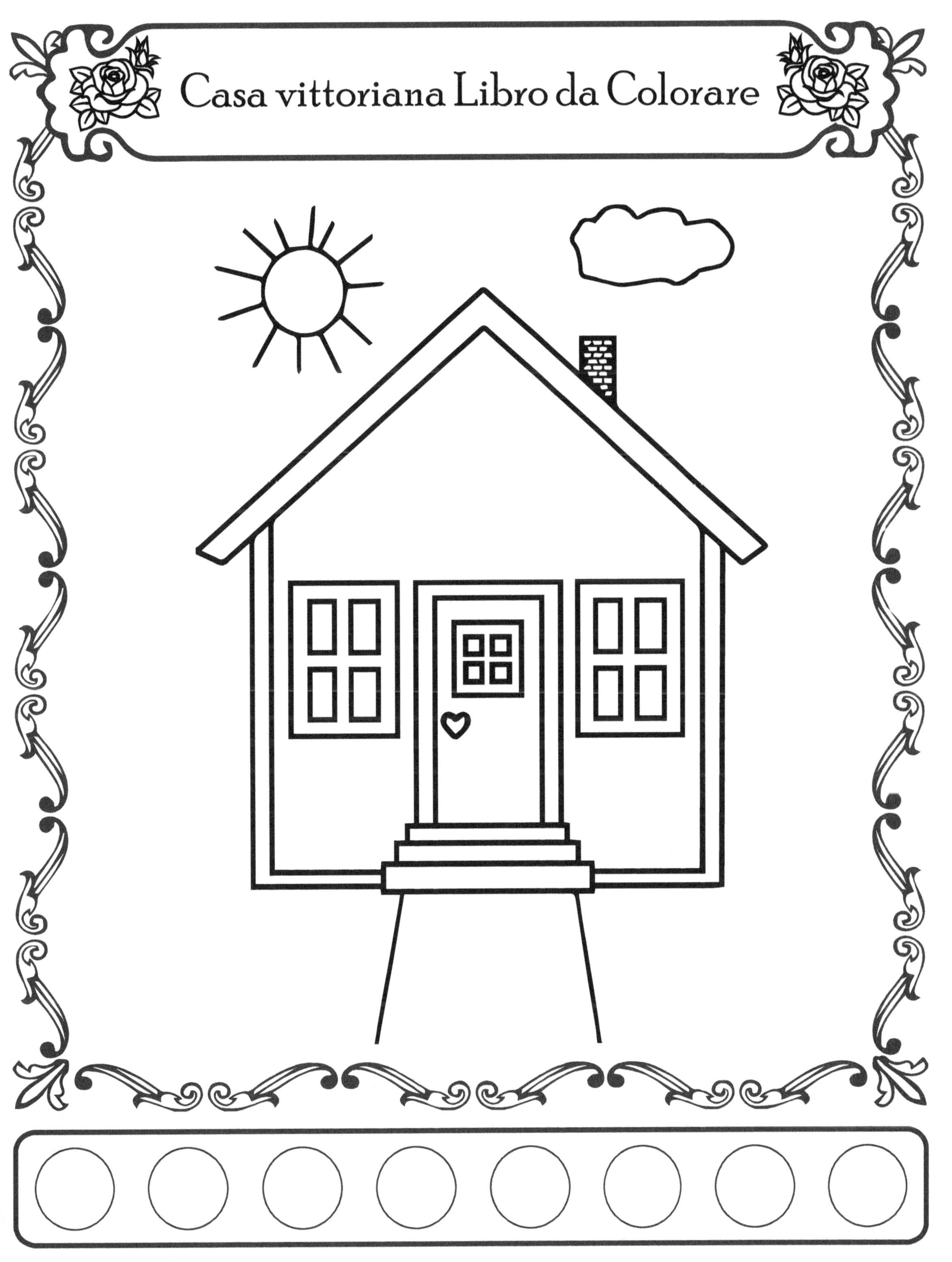

Casa vittoriana Libro da Colorare

Casa vittoriana Libro da Colorare

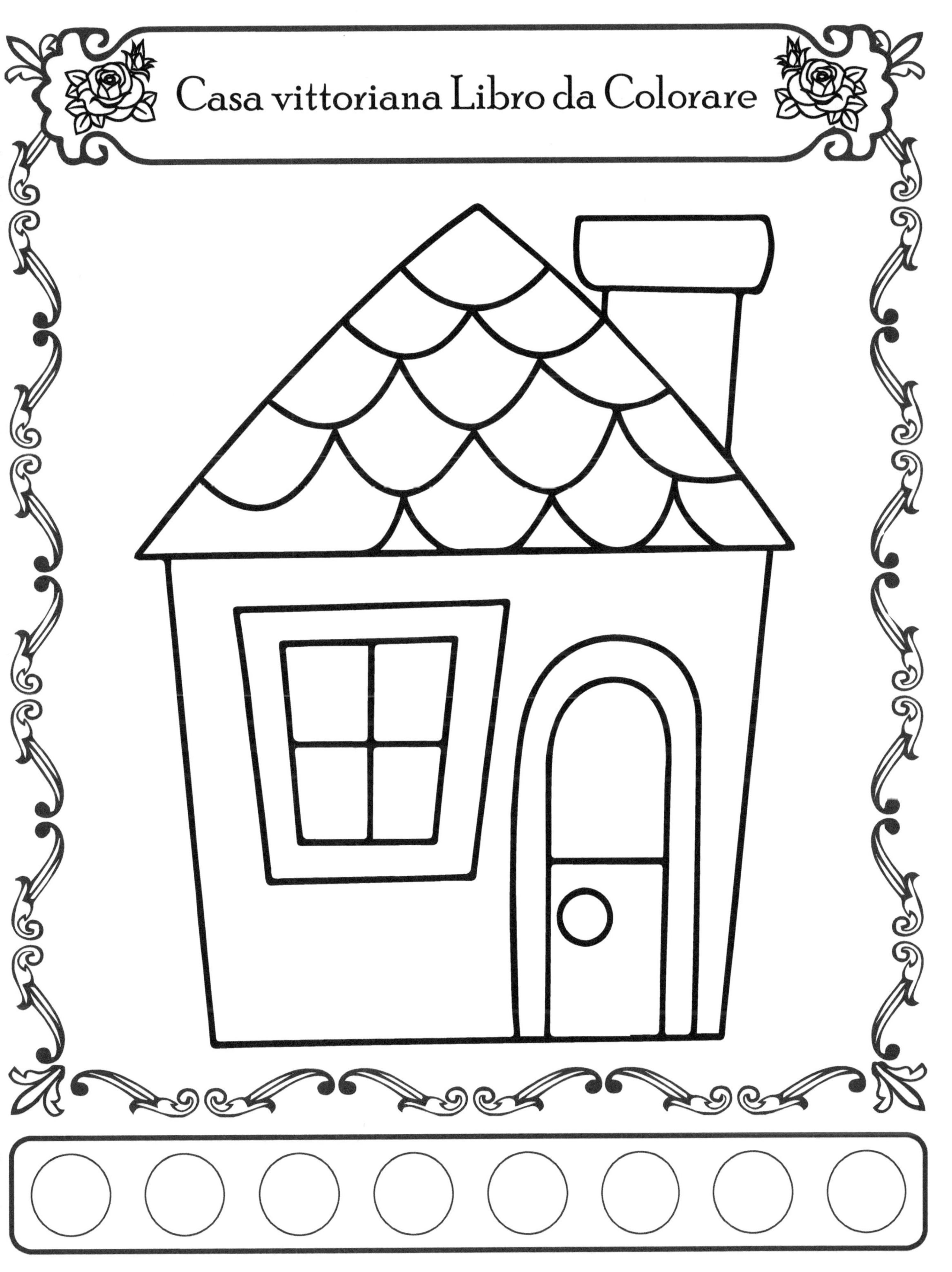

Casa vittoriana Libro da Colorare

Casa vittoriana Libro da Colorare

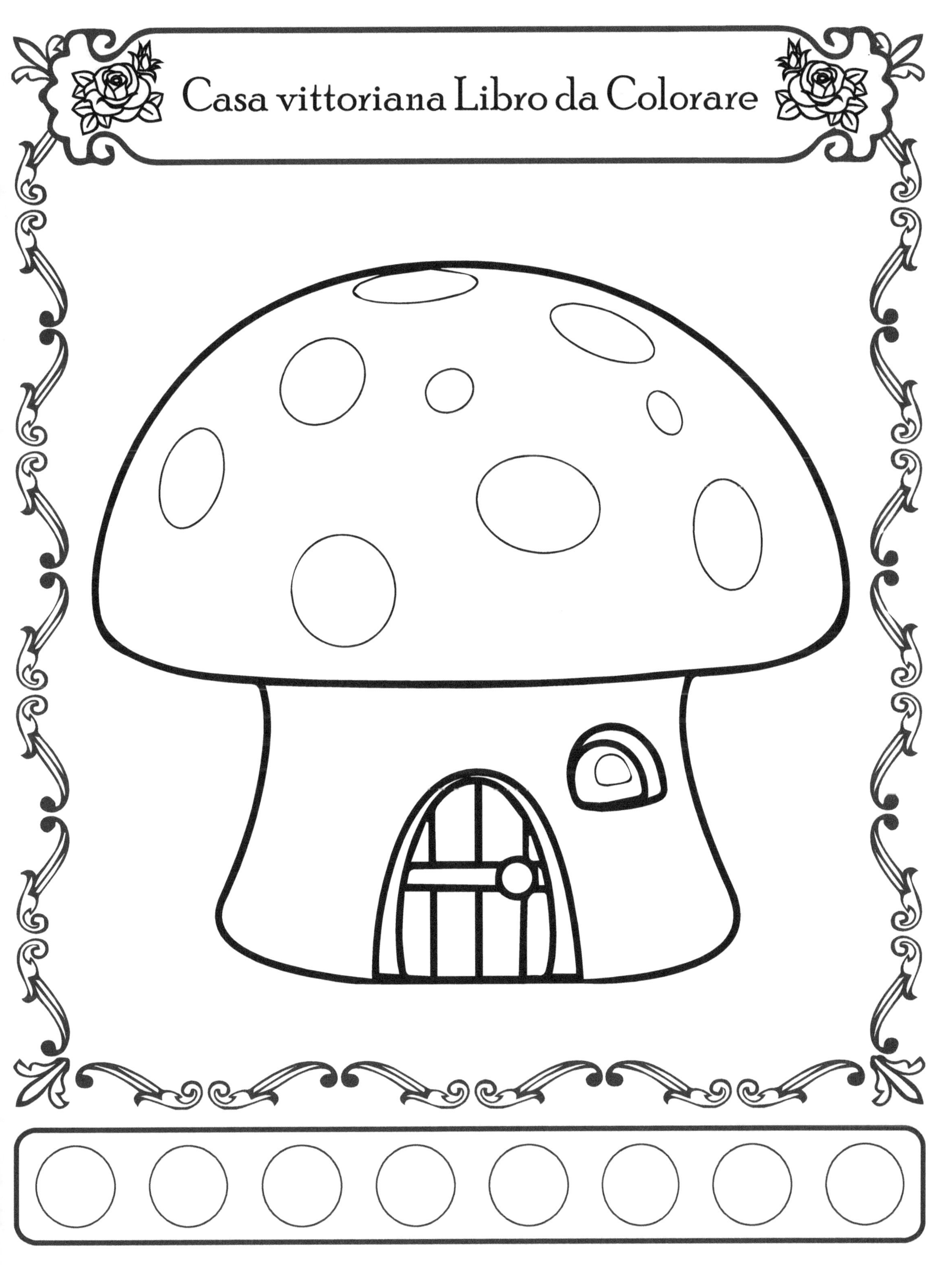

Casa vittoriana Libro da Colorare

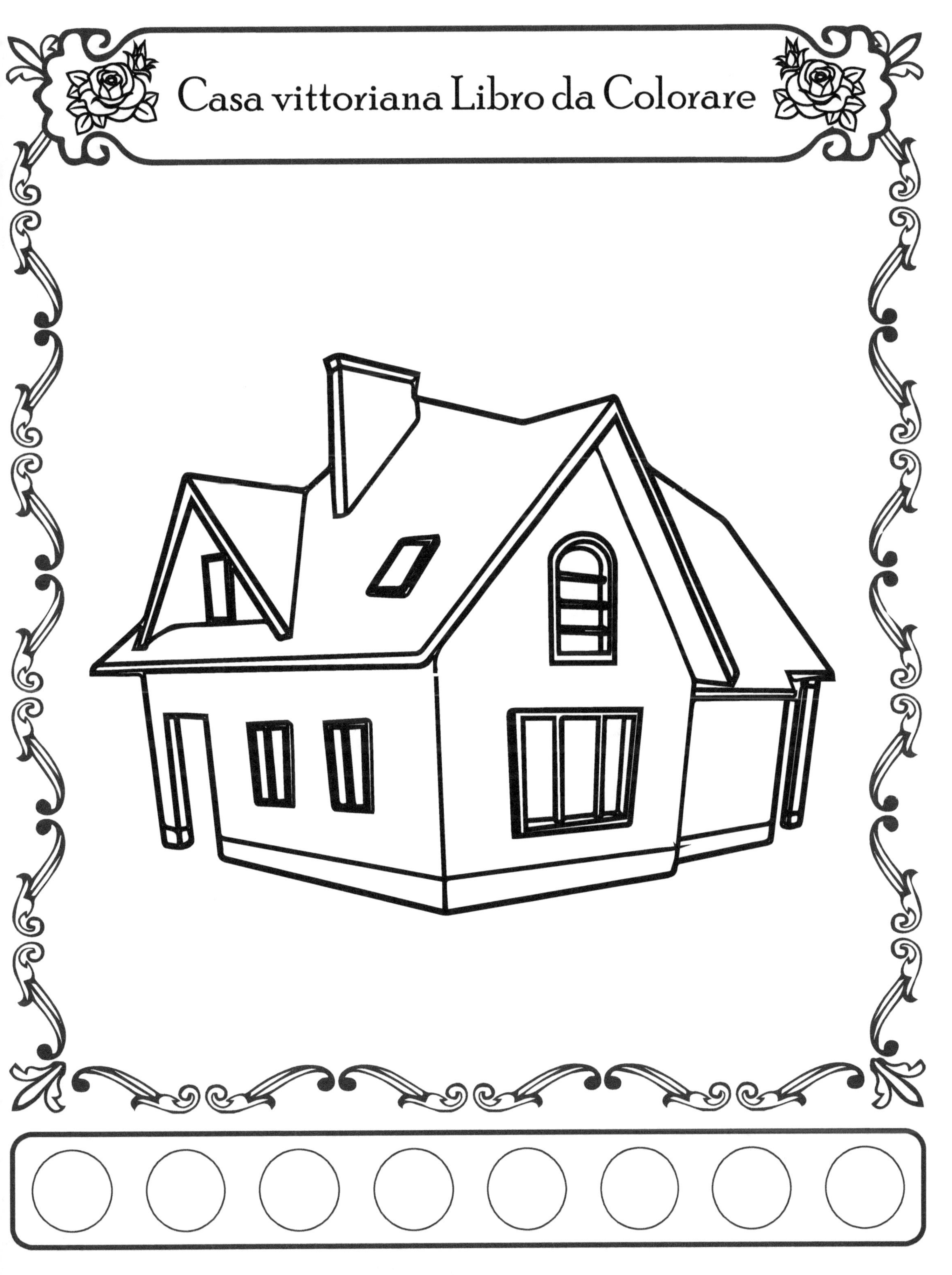

Casa vittoriana Libro da Colorare

Casa vittoriana Libro da Colorare

Casa vittoriana Libro da Colorare

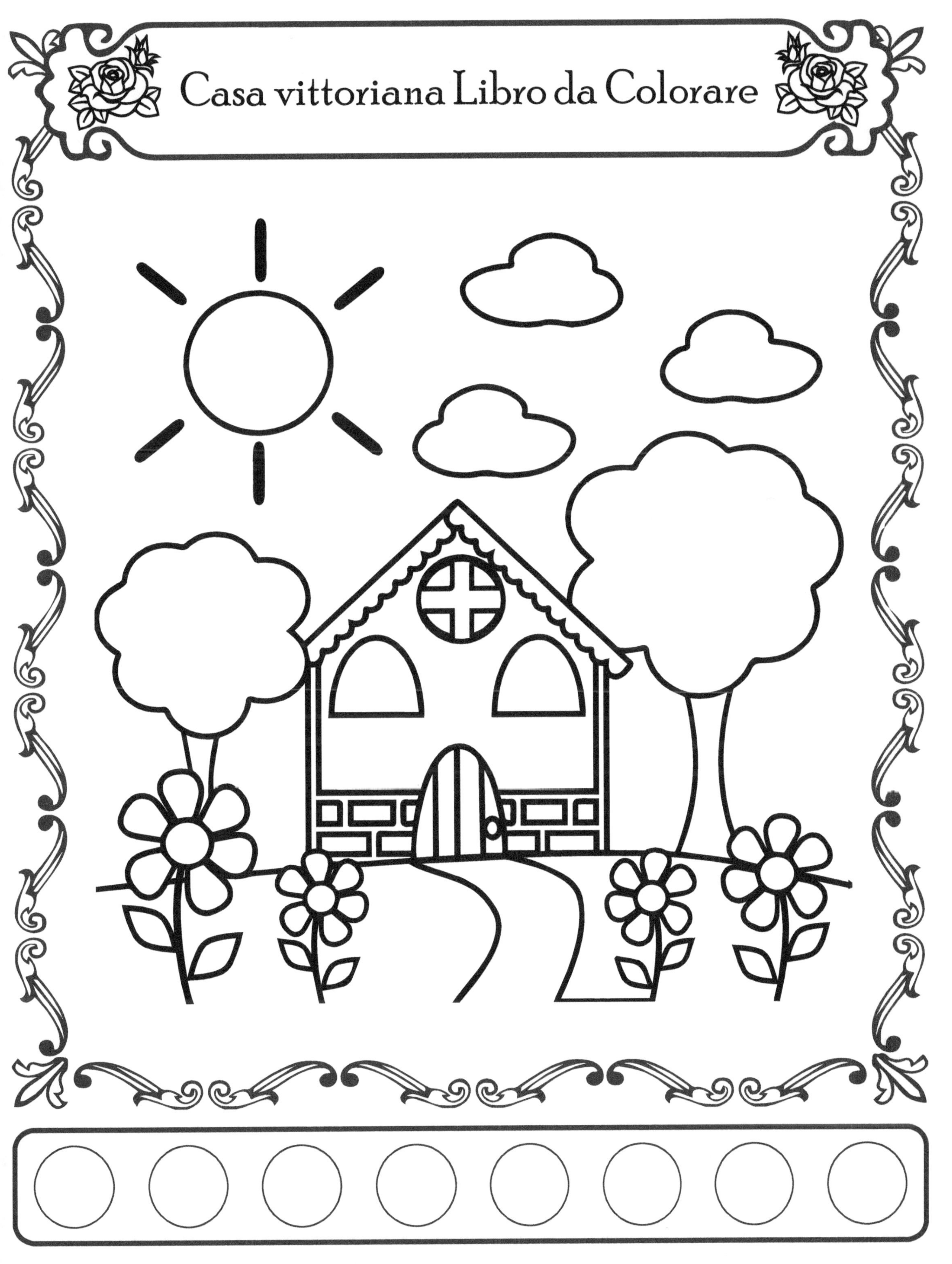

Casa vittoriana Libro da Colorare

Casa vittoriana Libro da Colorare

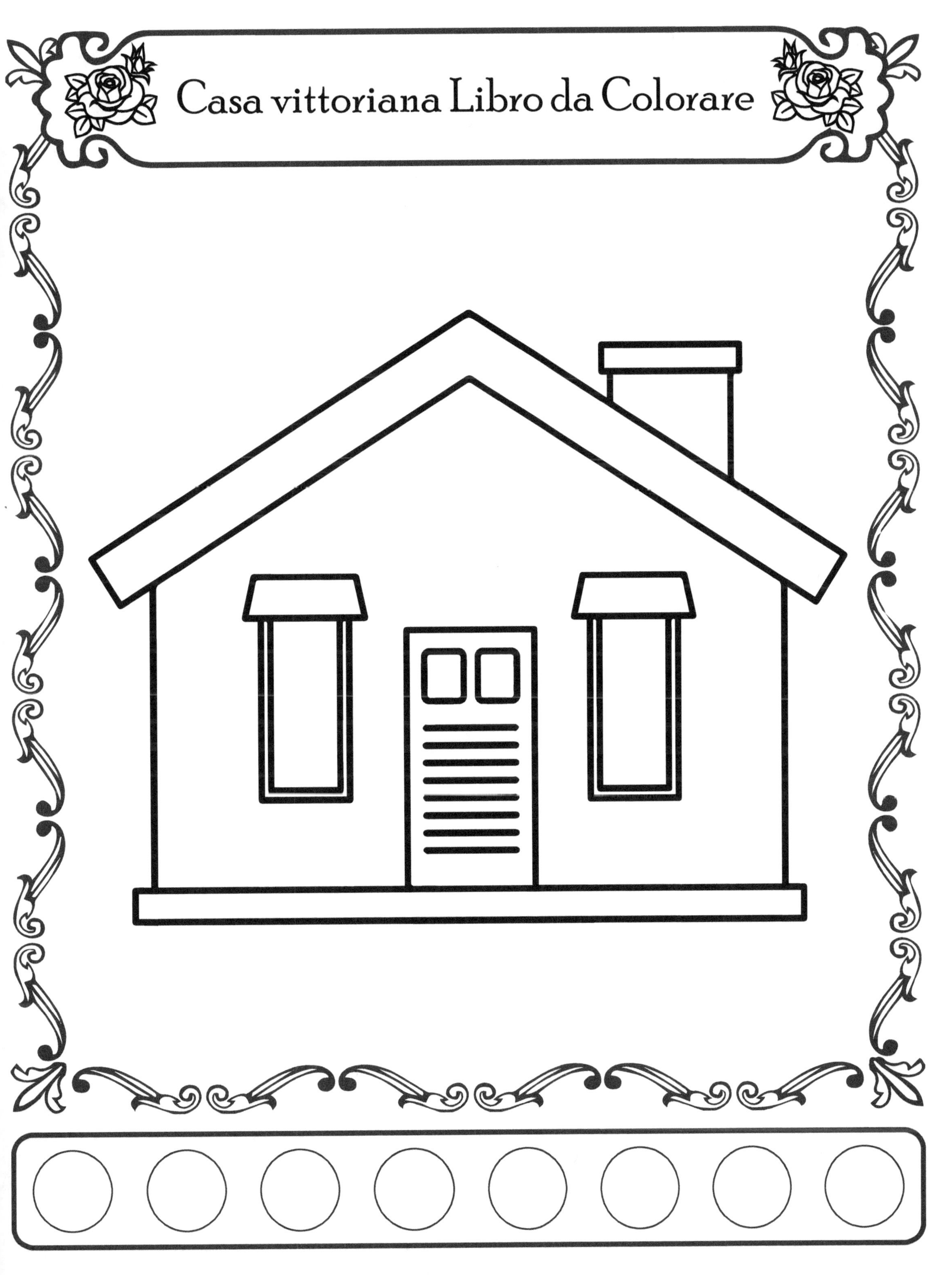

Casa vittoriana Libro da Colorare

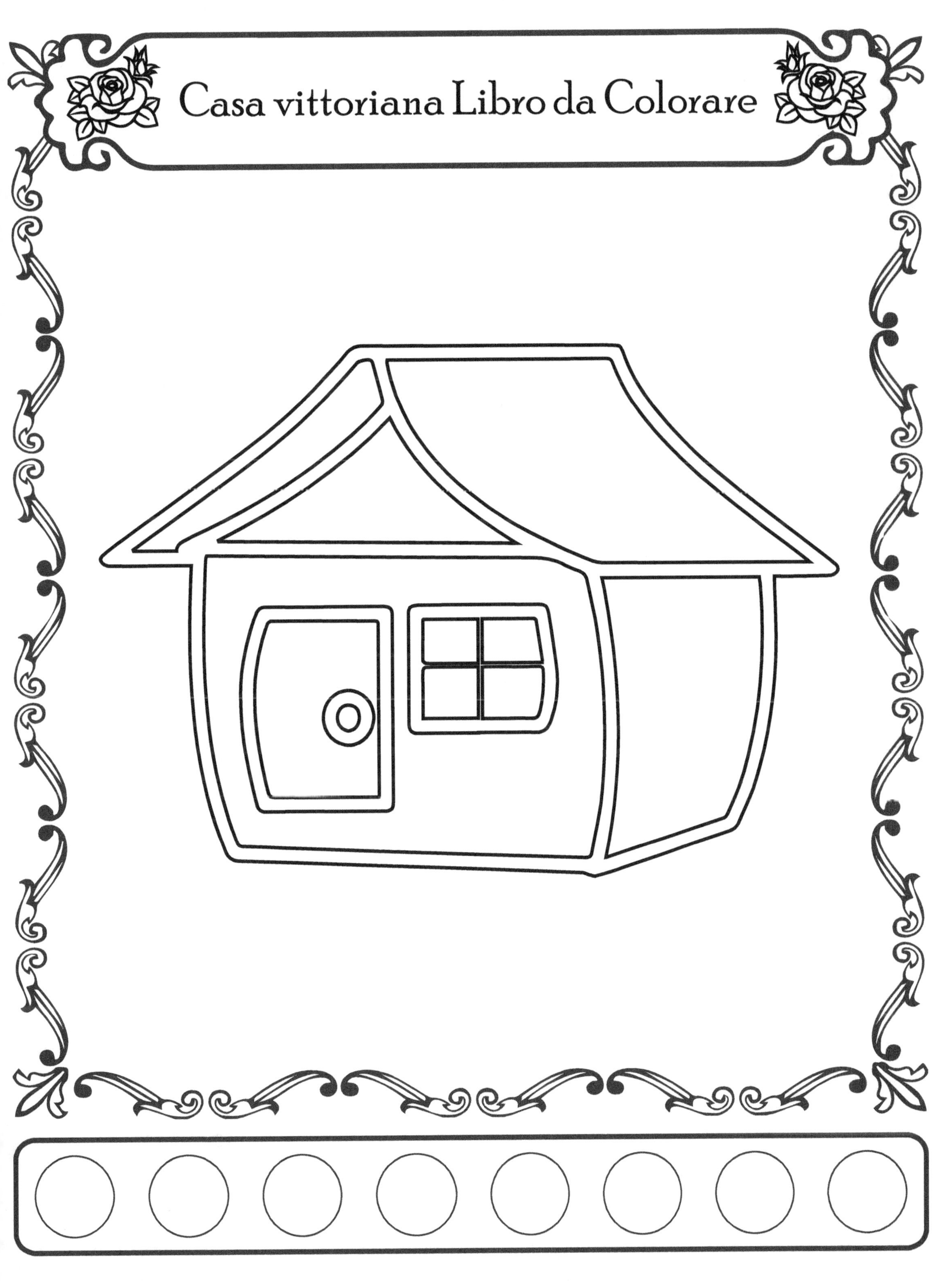

Casa vittoriana Libro da Colorare

Casa vittoriana Libro da Colorare

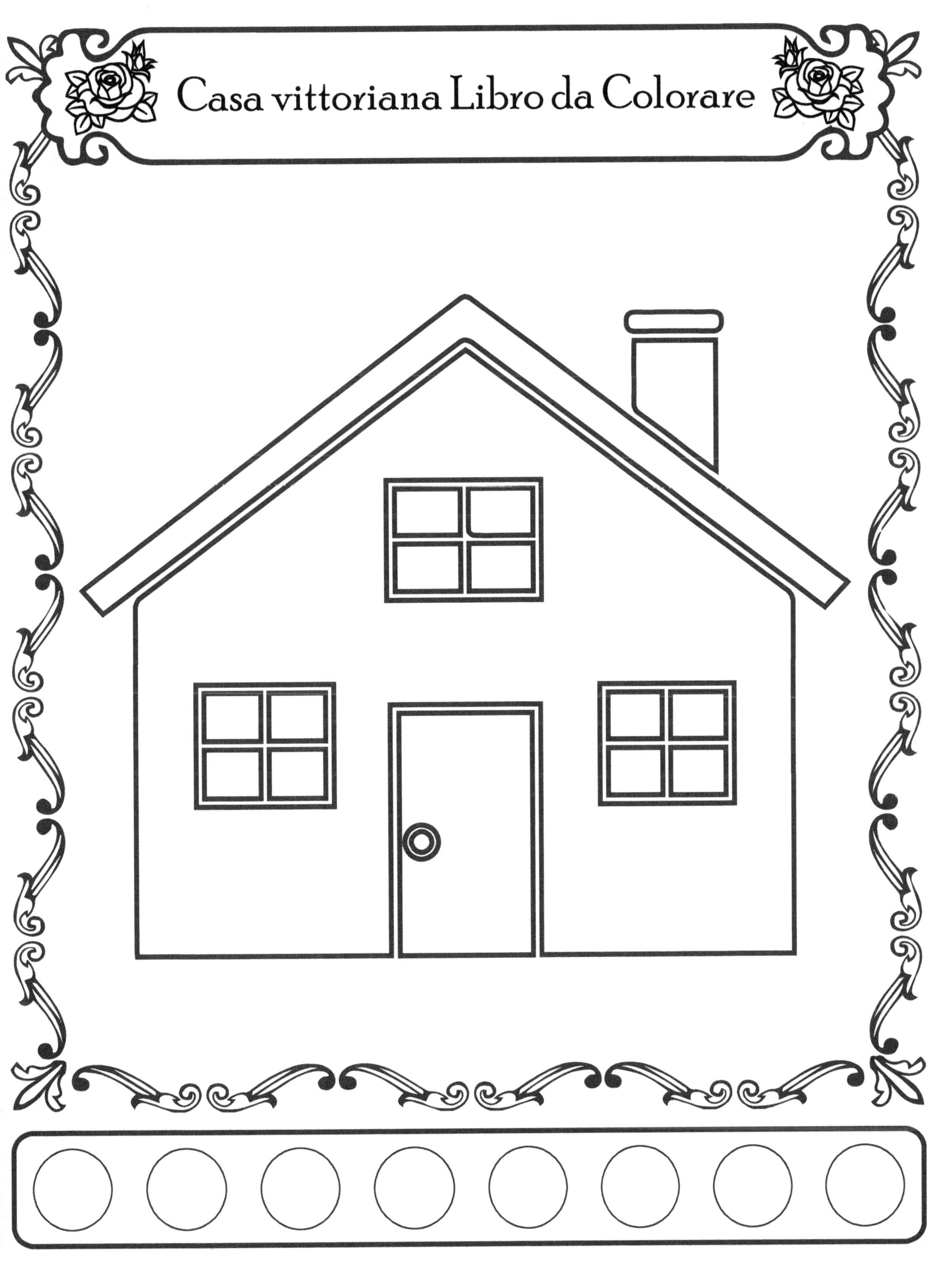

Casa vittoriana Libro da Colorare

Casa vittoriana Libro da Colorare

Casa vittoriana Libro da Colorare

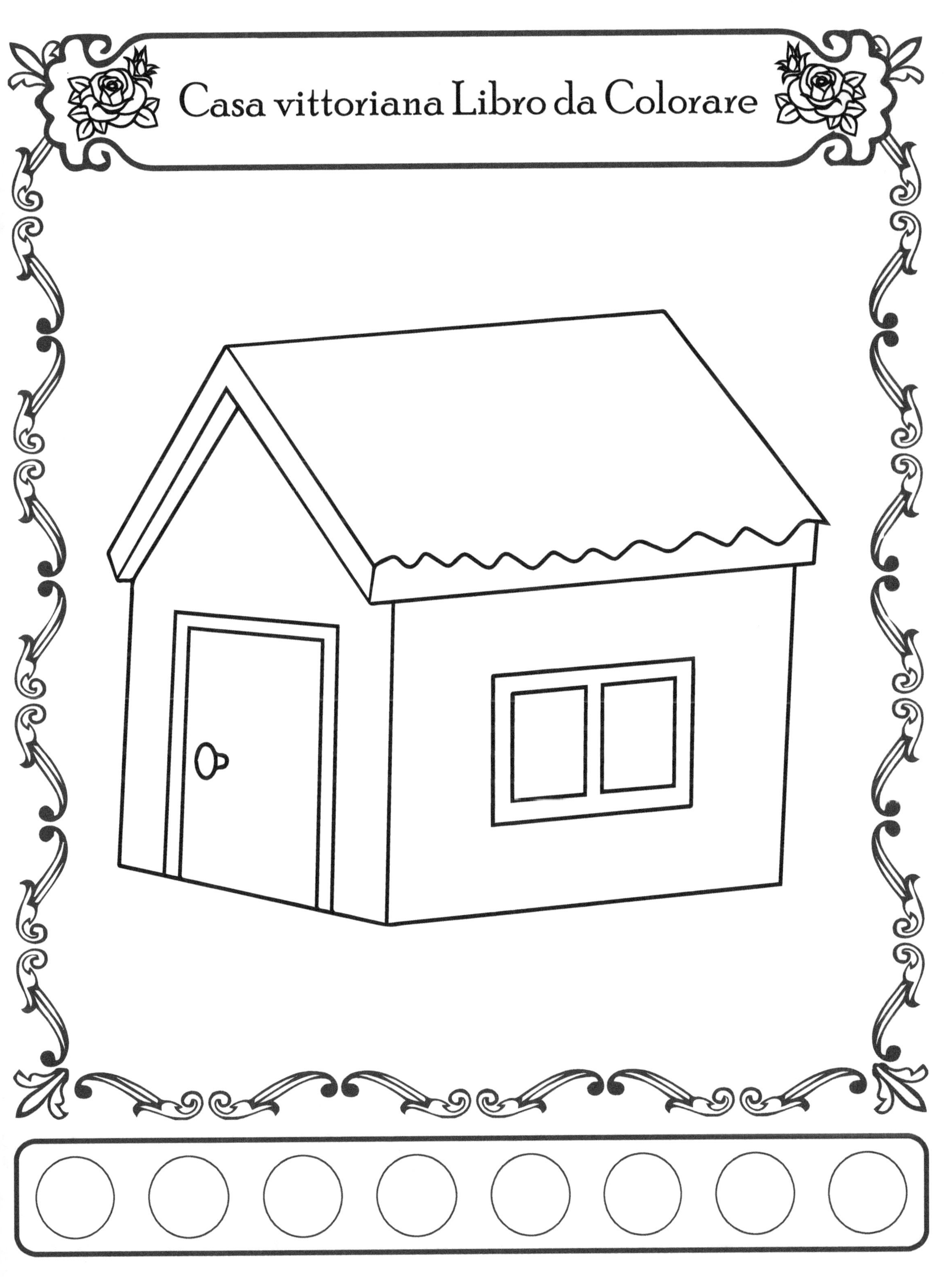

Casa vittoriana Libro da Colorare

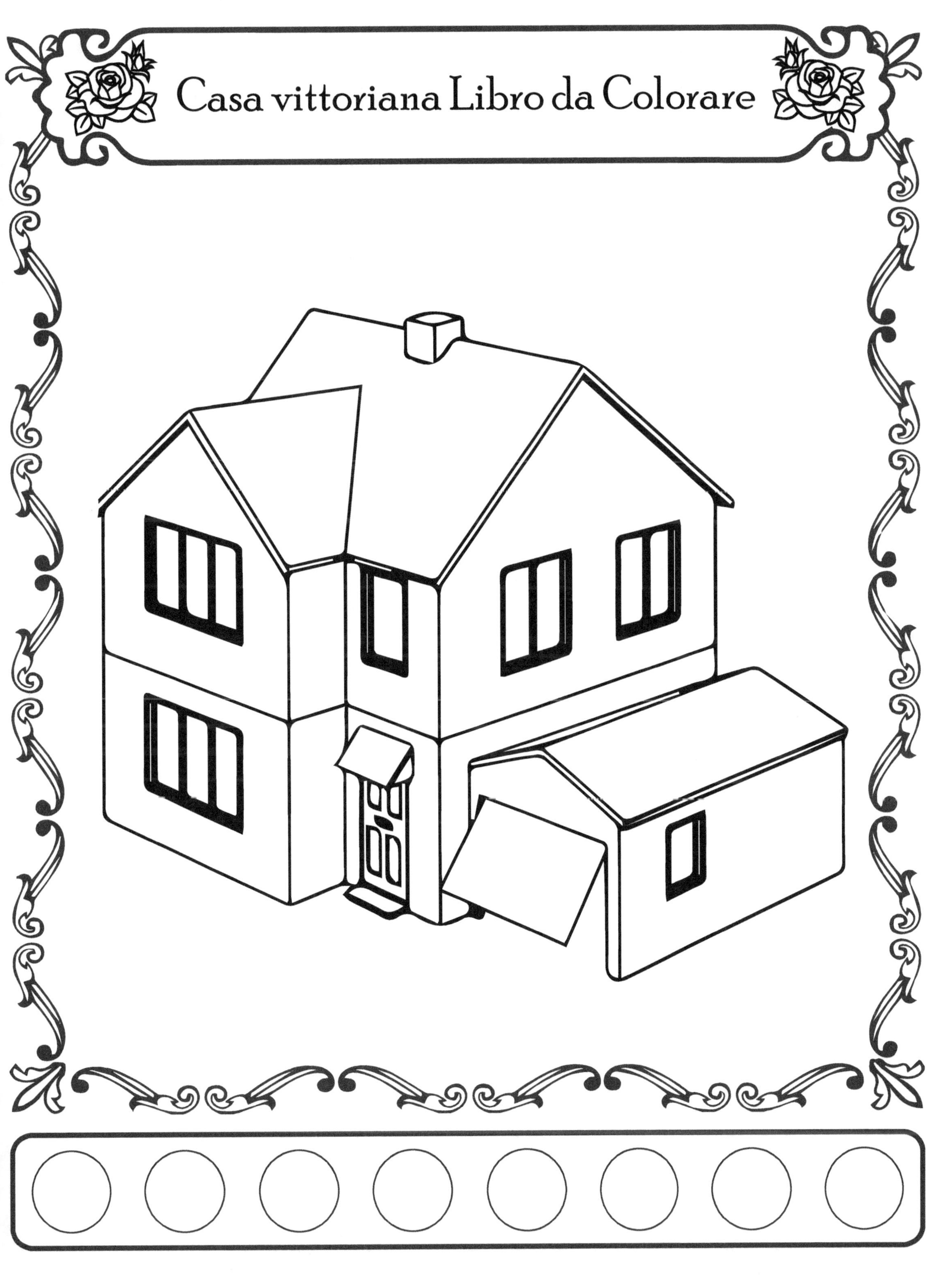

Casa vittoriana Libro da Colorare

Casa vittoriana Libro da Colorare

Casa vittoriana Libro da Colorare

Casa vittoriana Libro da Colorare

Casa vittoriana Libro da Colorare

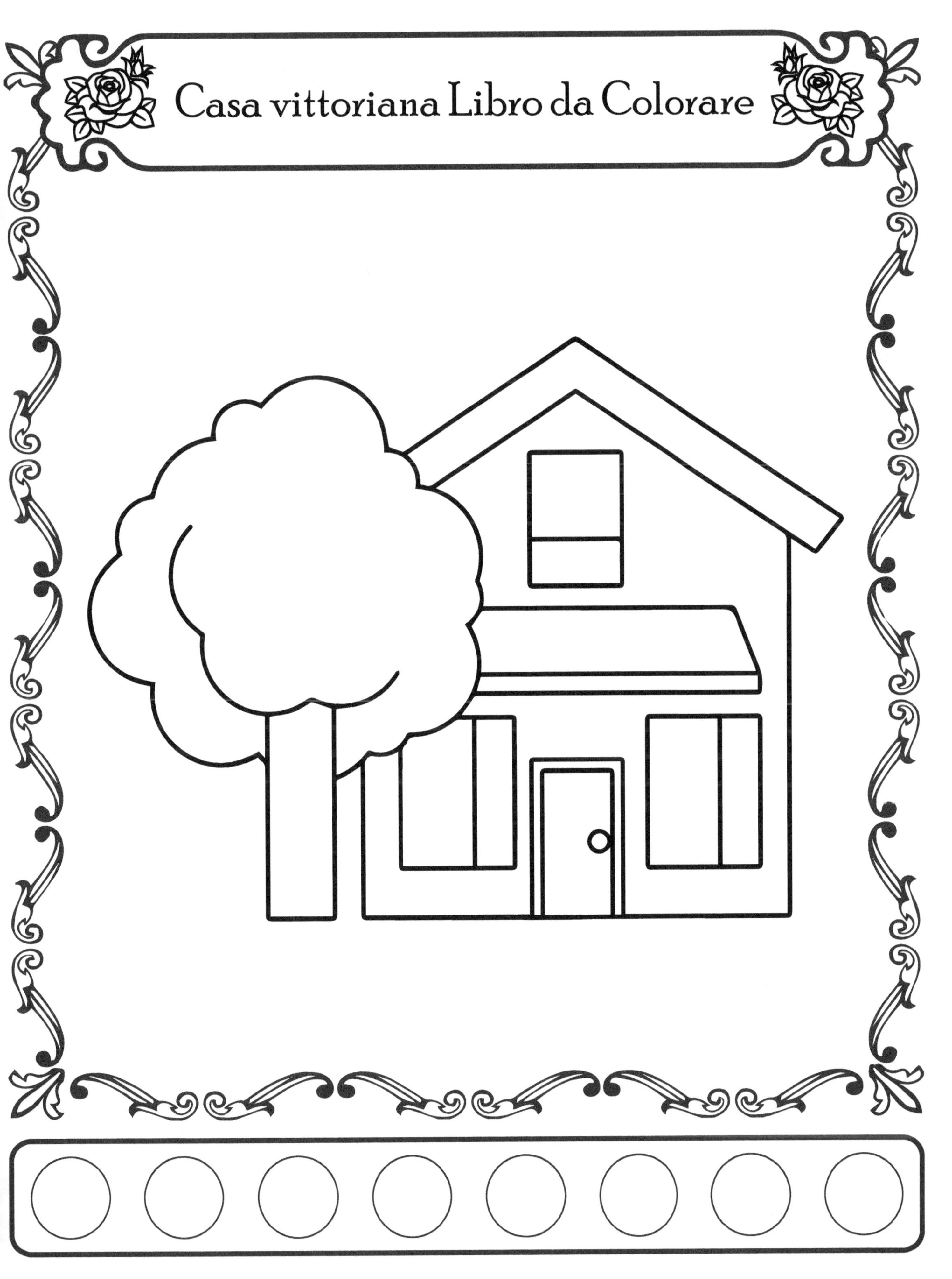

Casa vittoriana Libro da Colorare

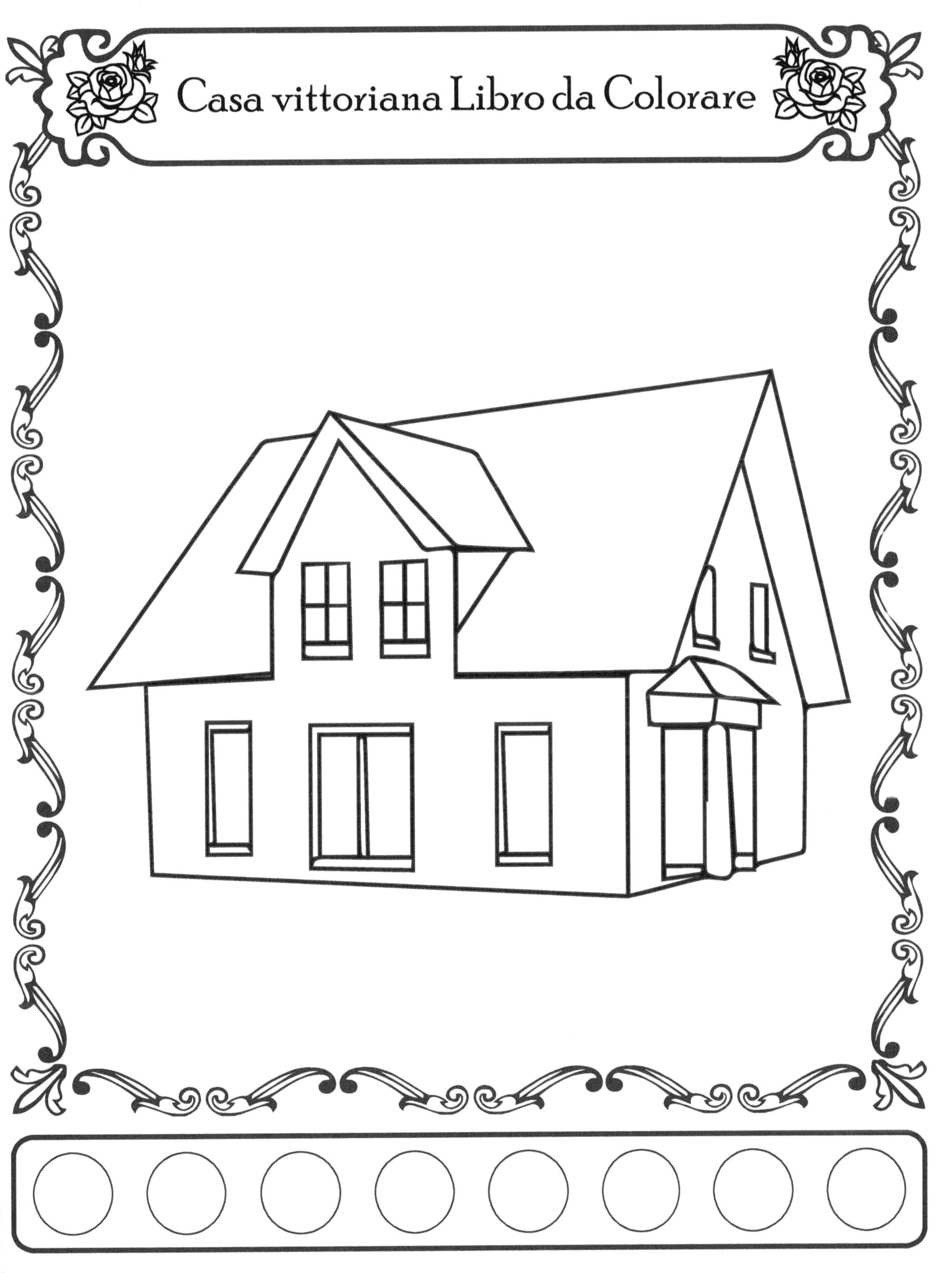

Casa vittoriana Libro da Colorare

Casa vittoriana Libro da Colorare

Casa vittoriana Libro da Colorare

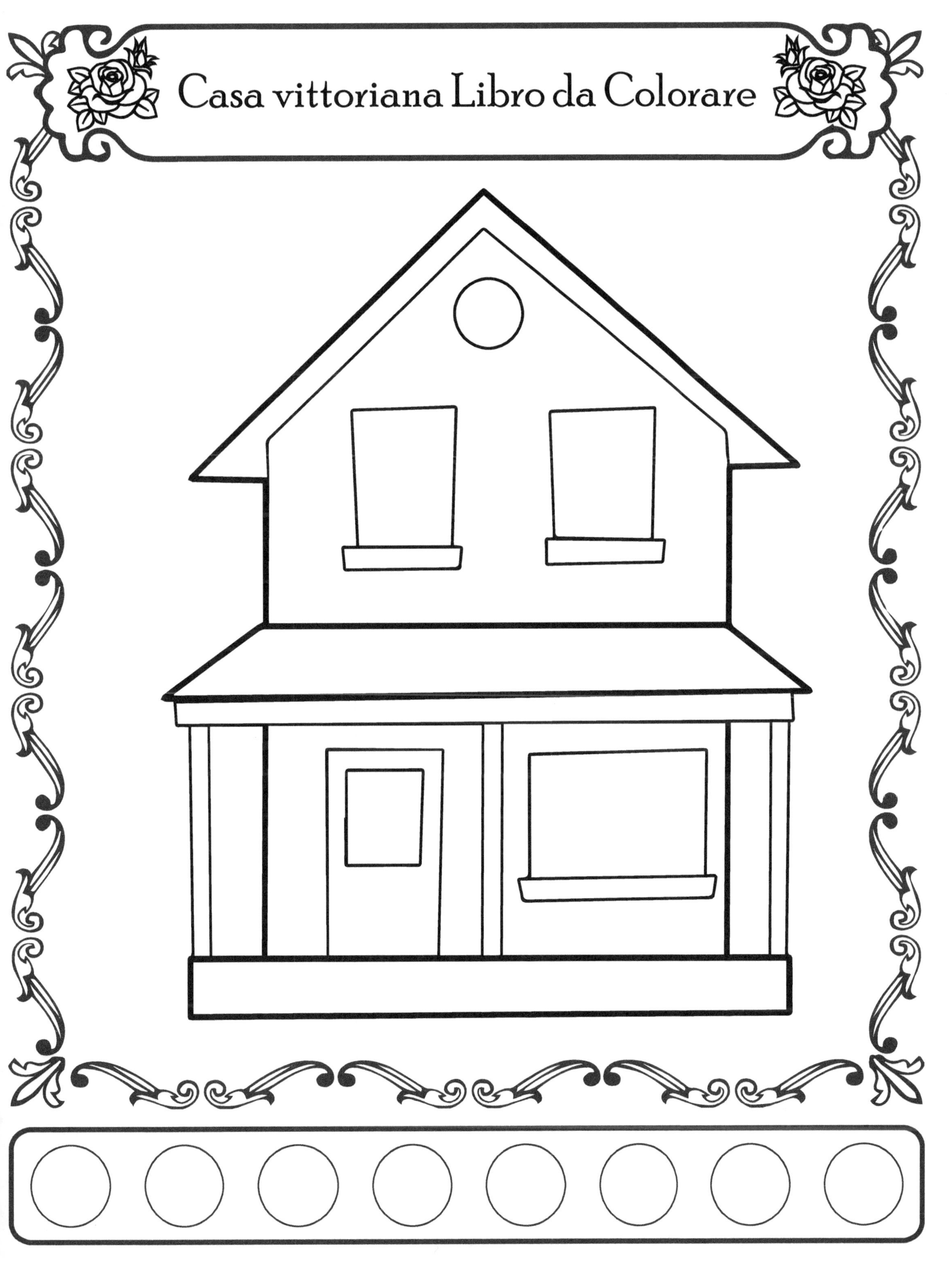

Casa vittoriana Libro da Colorare

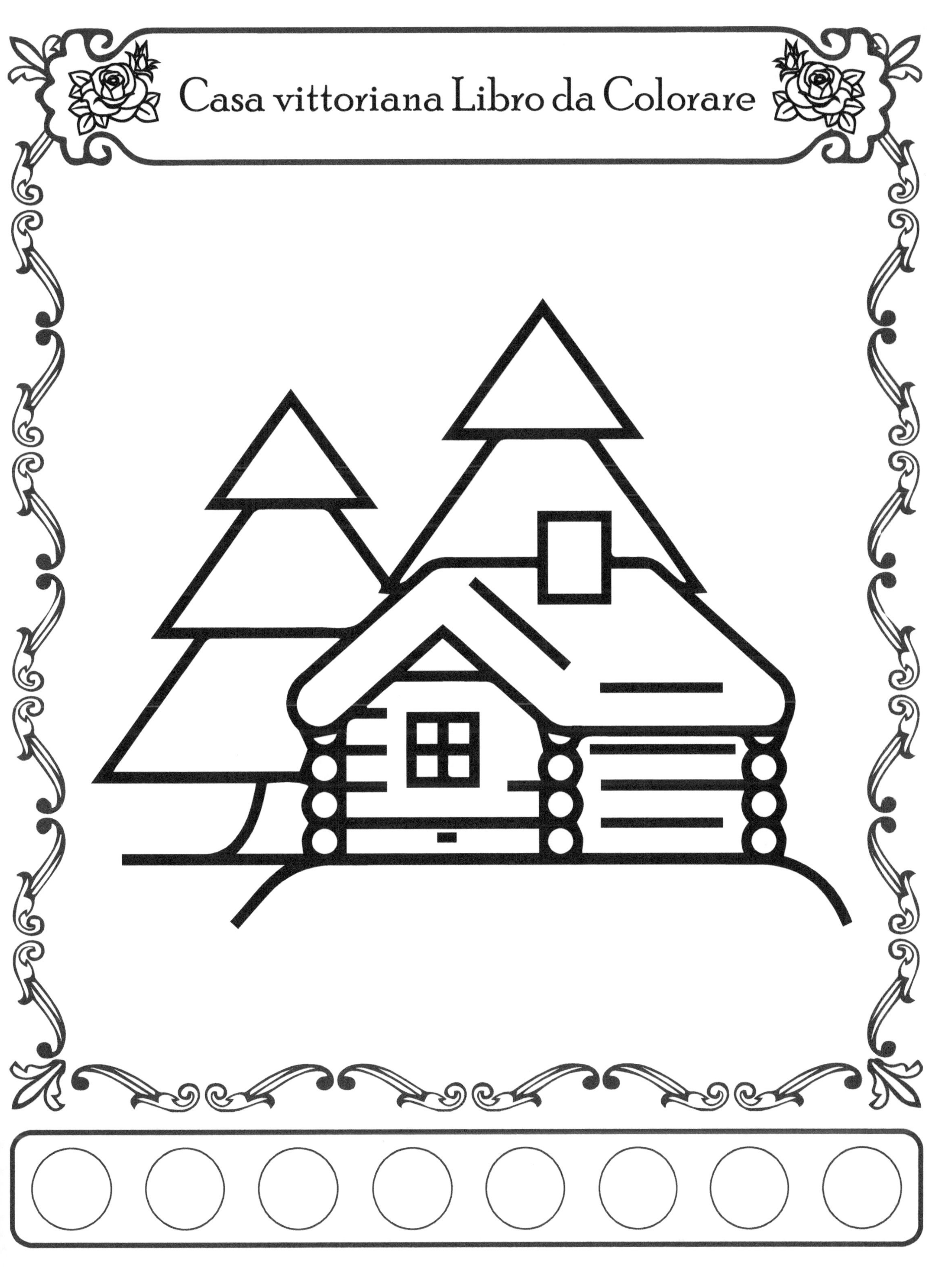

Casa vittoriana Libro da Colorare

Casa vittoriana Libro da Colorare

Casa vittoriana Libro da Colorare

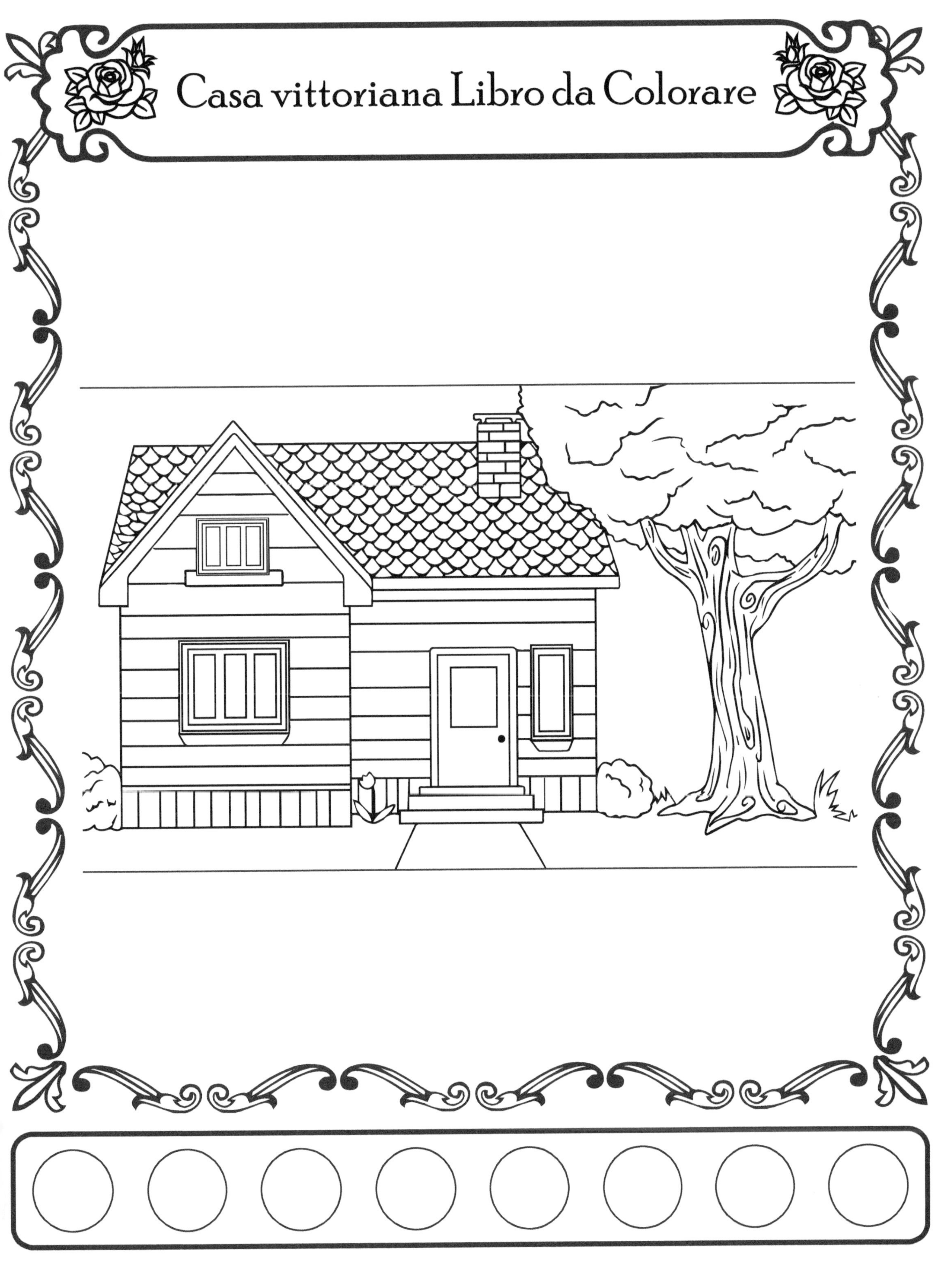

Casa vittoriana Libro da Colorare

Casa vittoriana Libro da Colorare

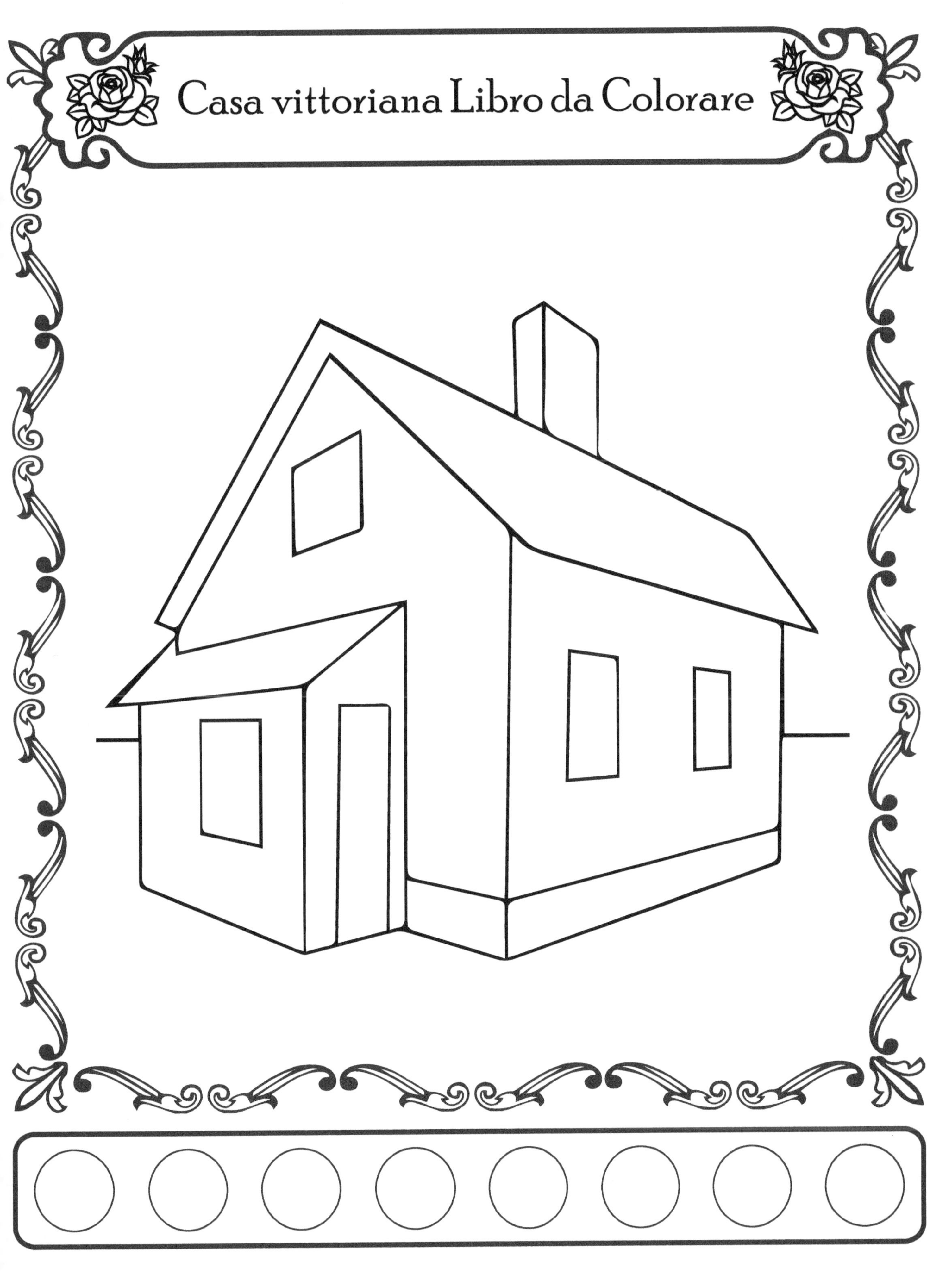

Casa vittoriana Libro da Colorare

Casa vittoriana Libro da Colorare

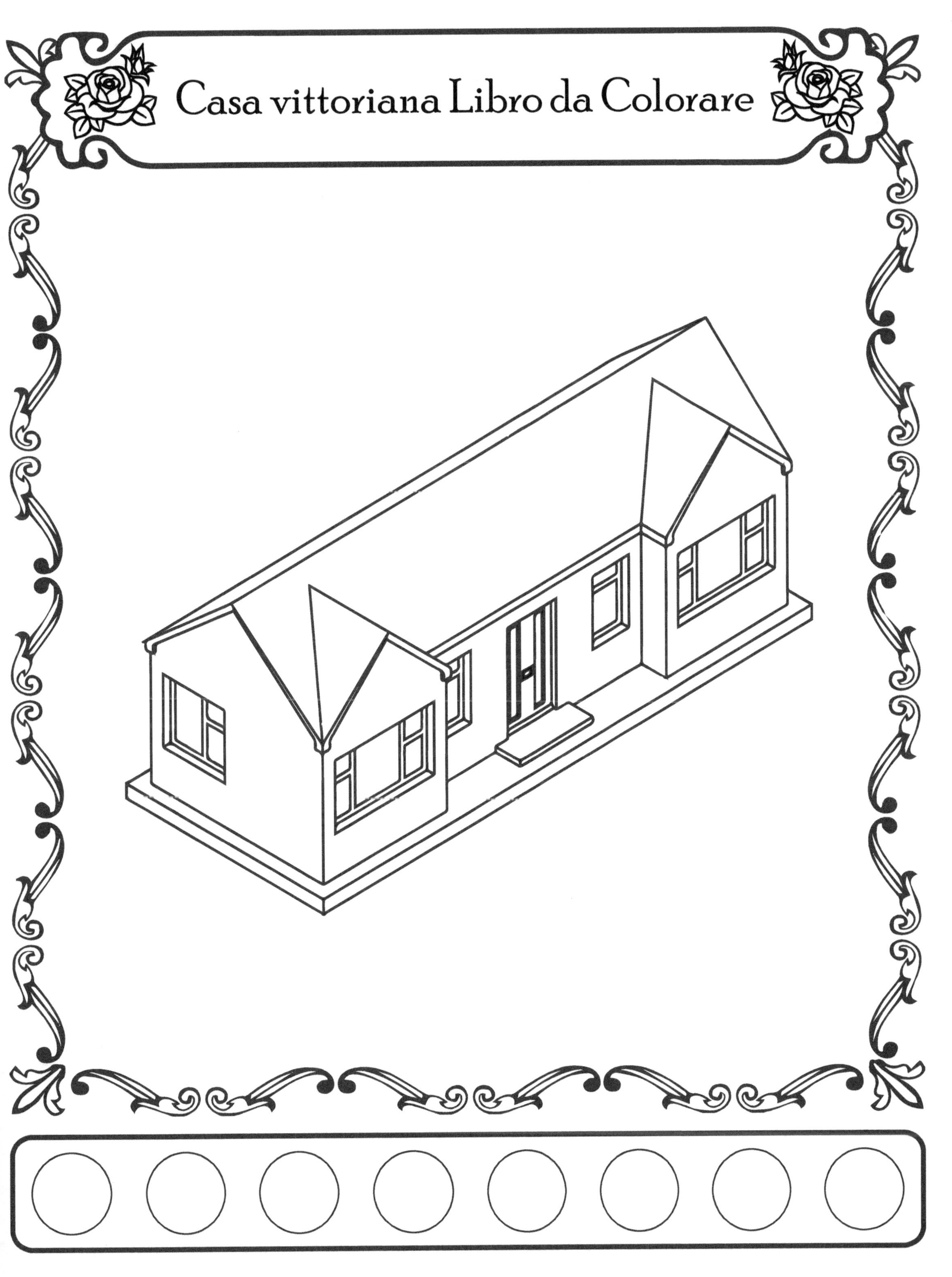

Casa vittoriana Libro da Colorare

Casa vittoriana Libro da Colorare

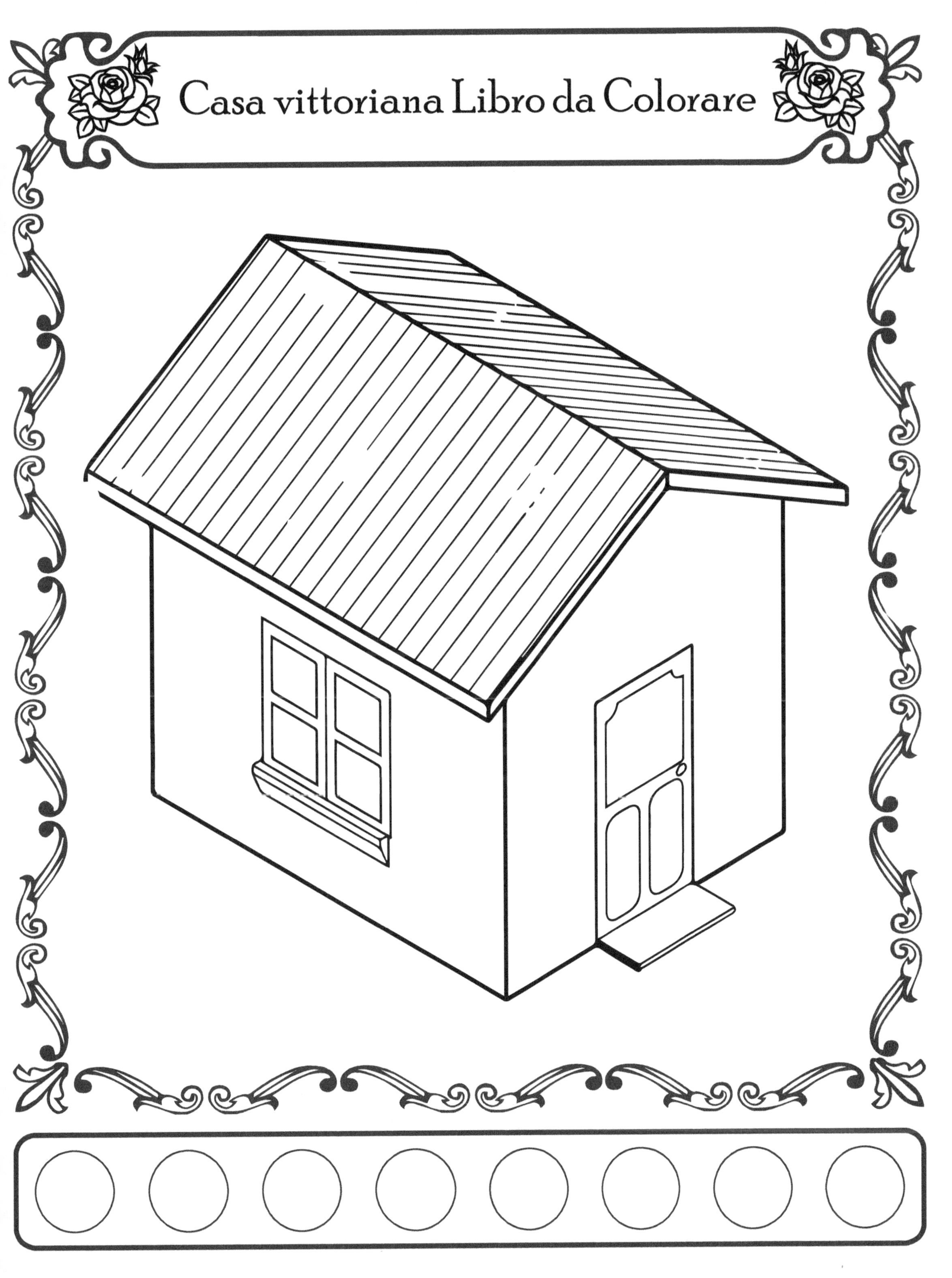

Casa vittoriana Libro da Colorare

Casa vittoriana Libro da Colorare

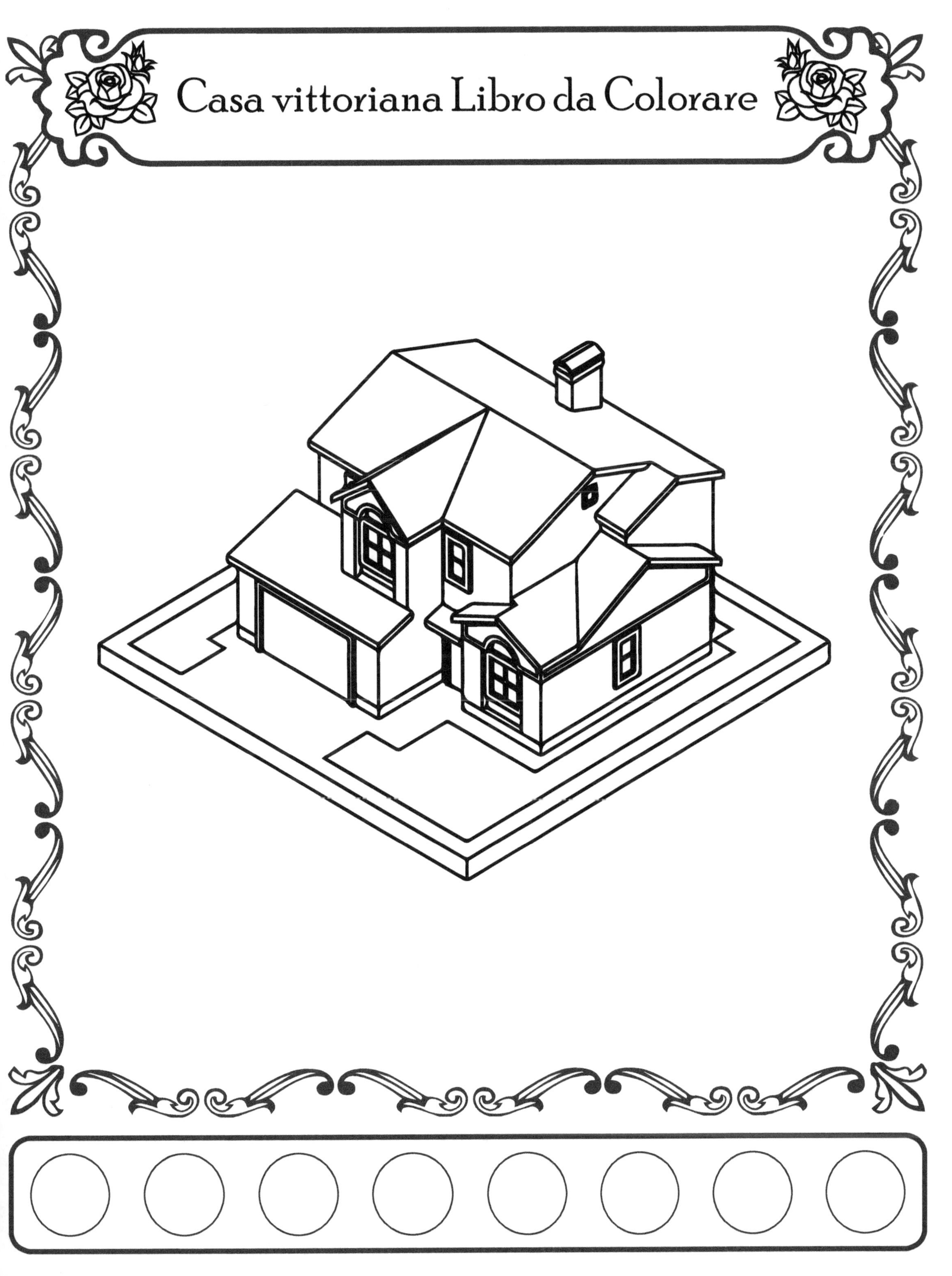

Casa vittoriana Libro da Colorare

Casa vittoriana Libro da Colorare

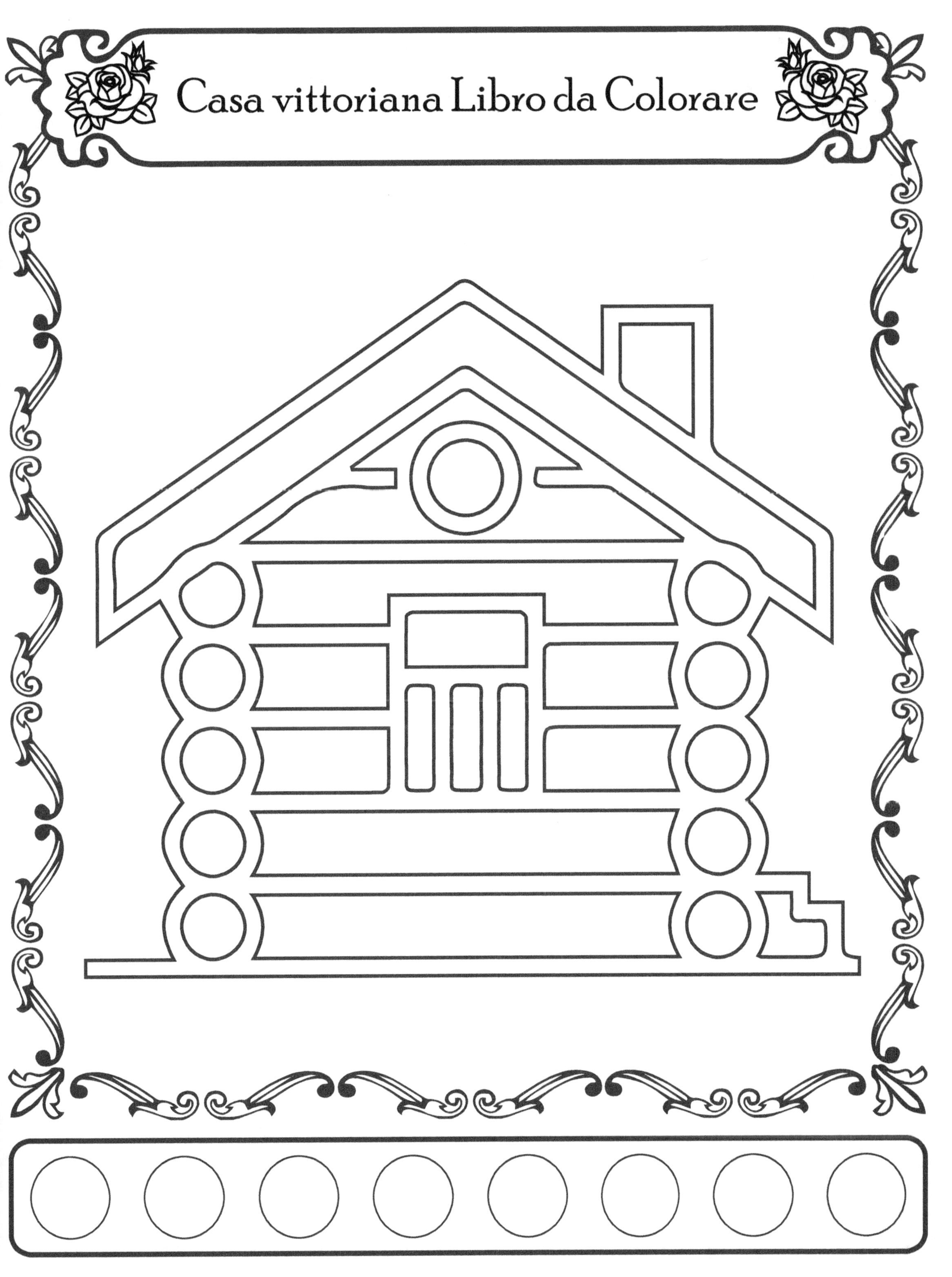

Casa vittoriana Libro da Colorare

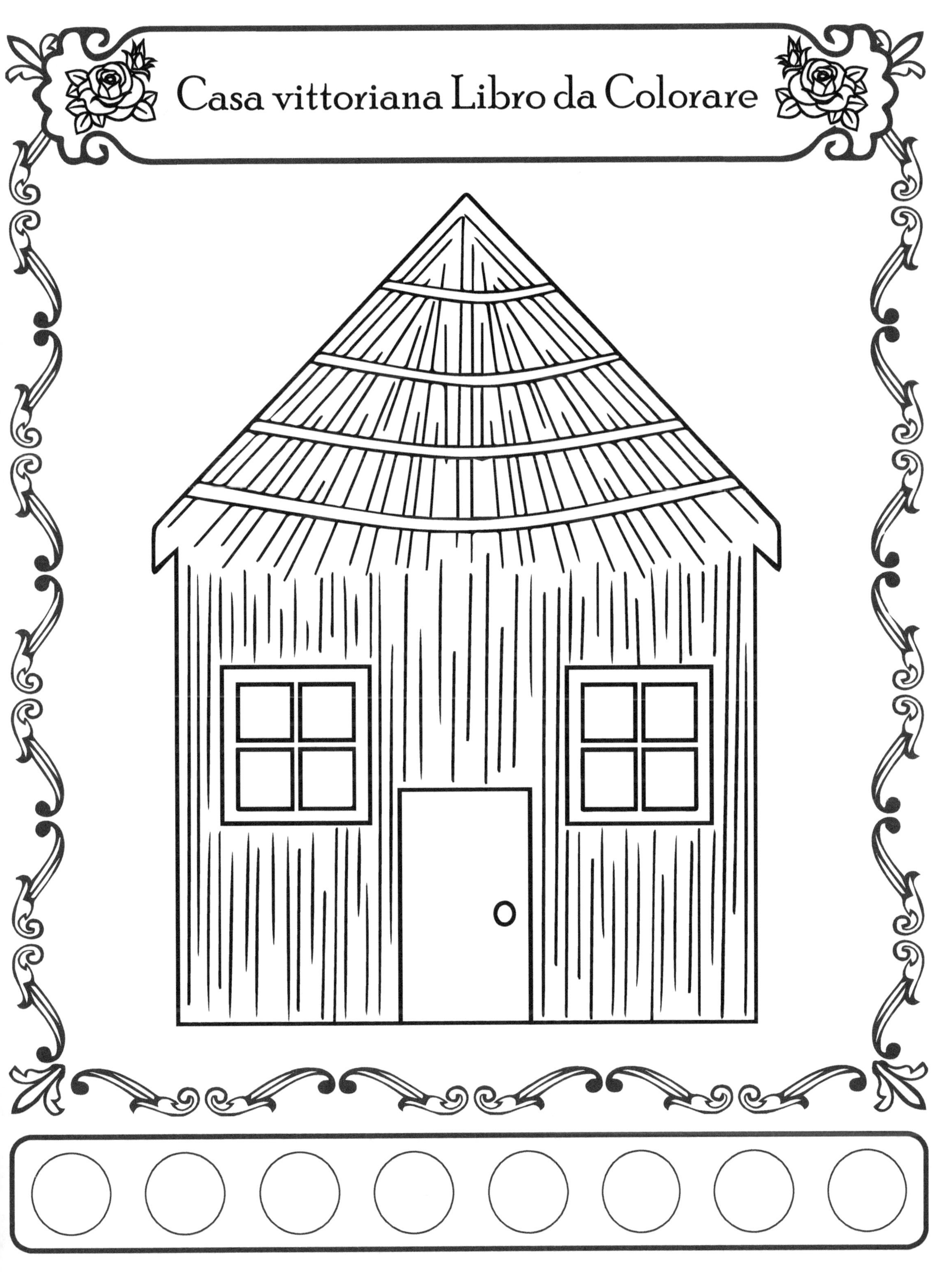
Casa vittoriana Libro da Colorare

Casa vittoriana Libro da Colorare

Casa vittoriana Libro da Colorare

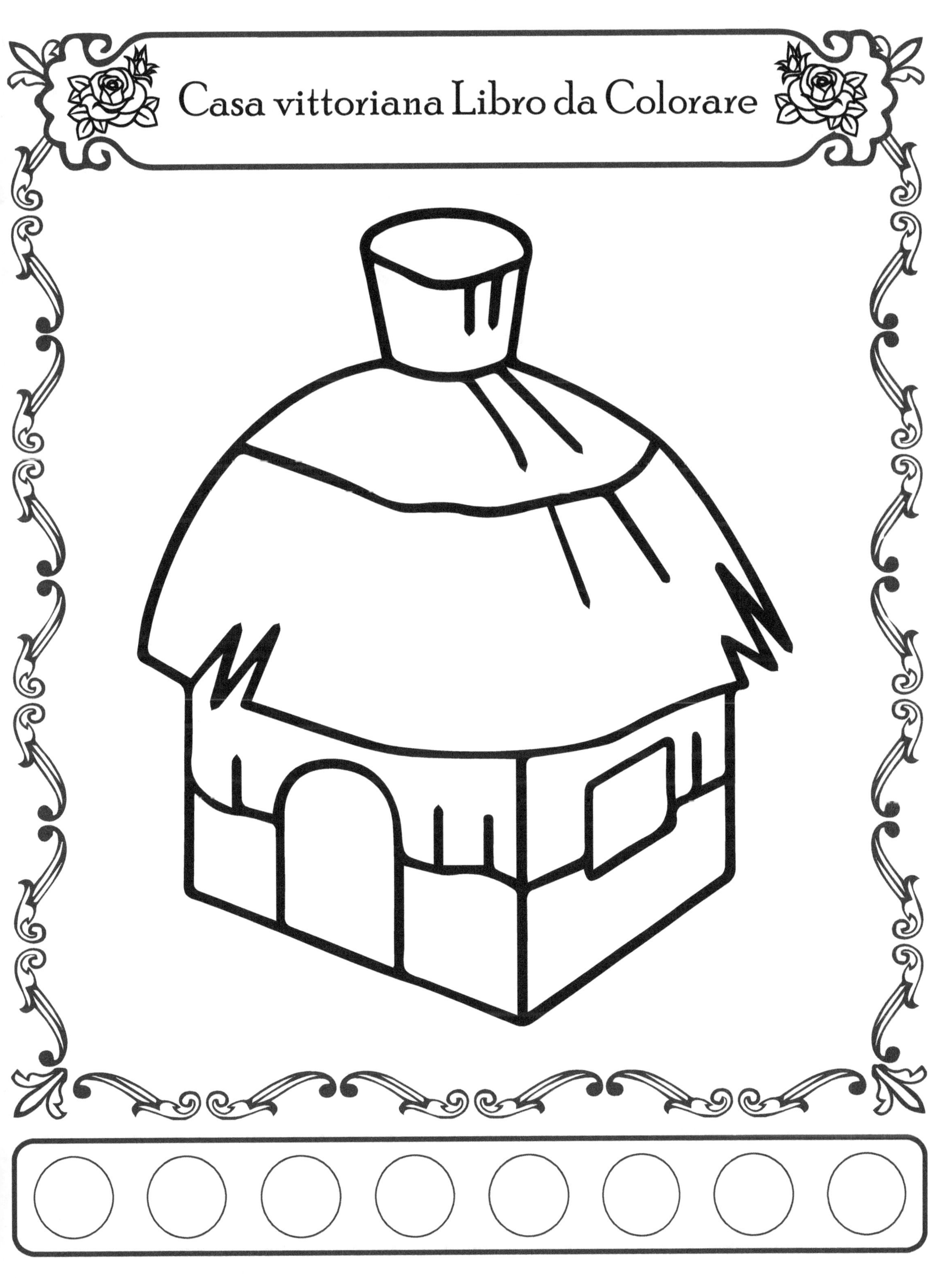

Casa vittoriana Libro da Colorare

Casa vittoriana Libro da Colorare

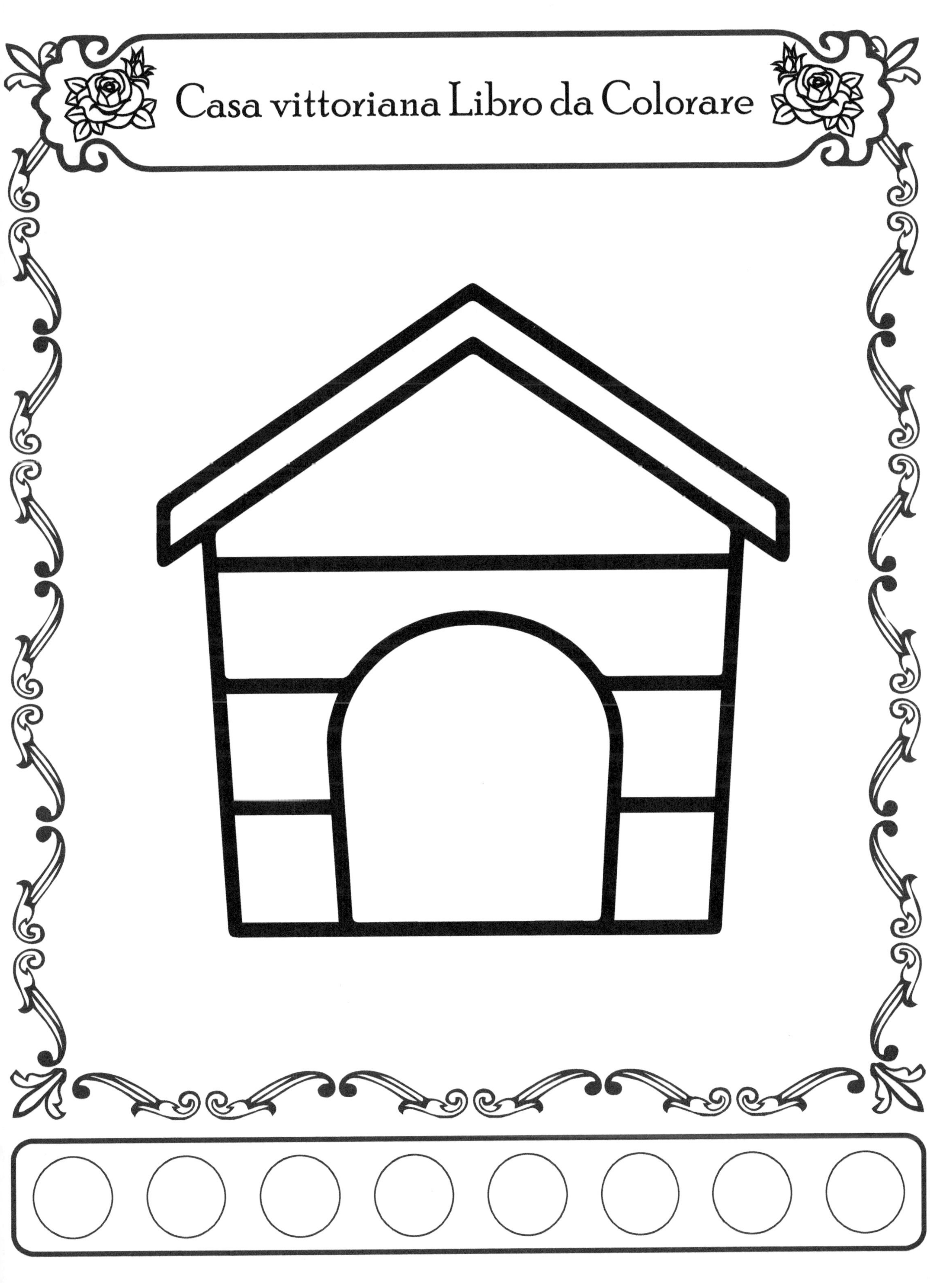

Casa vittoriana Libro da Colorare

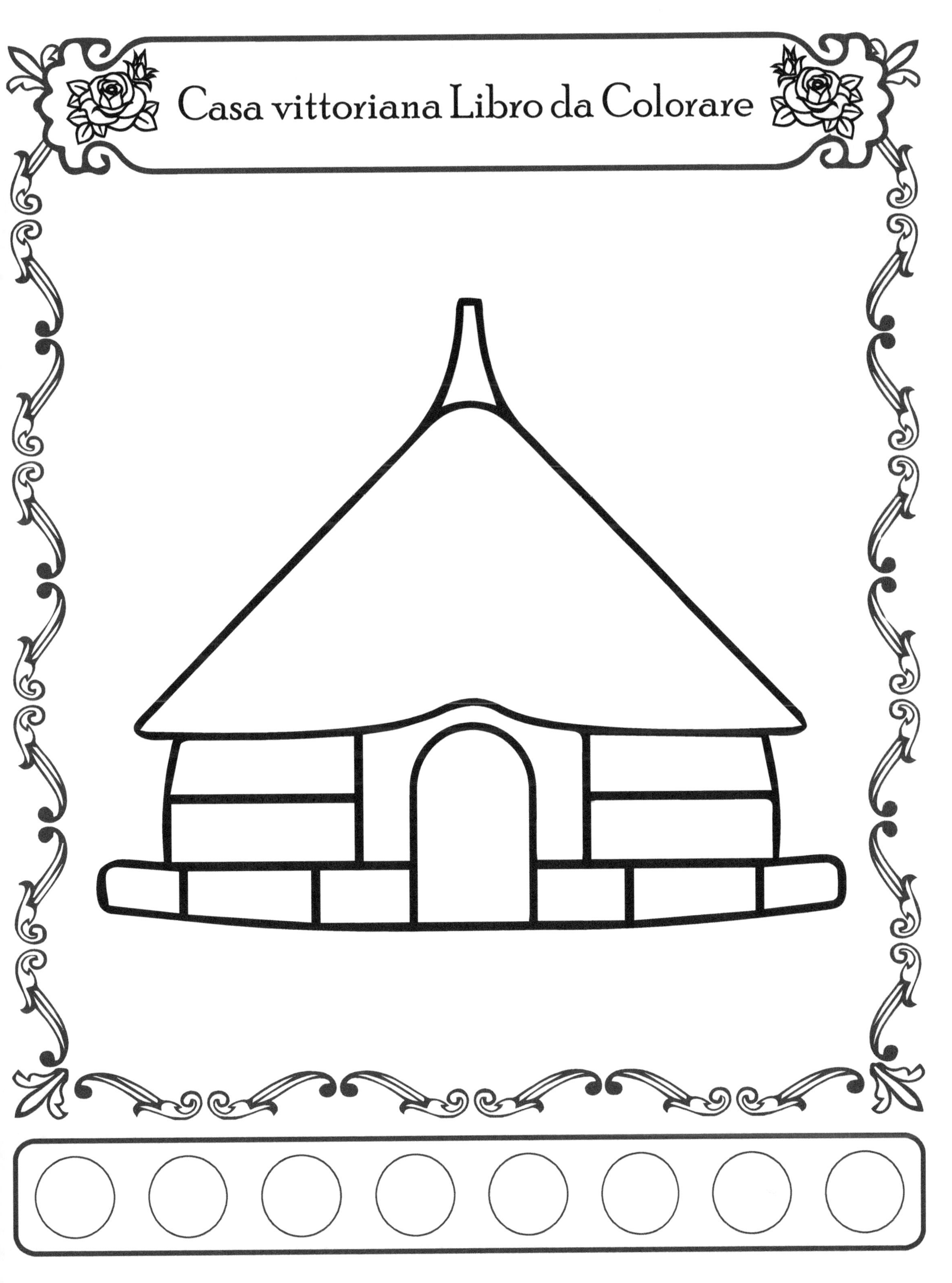

Casa vittoriana Libro da Colorare

Casa vittoriana Libro da Colorare

Casa vittoriana Libro da Colorare

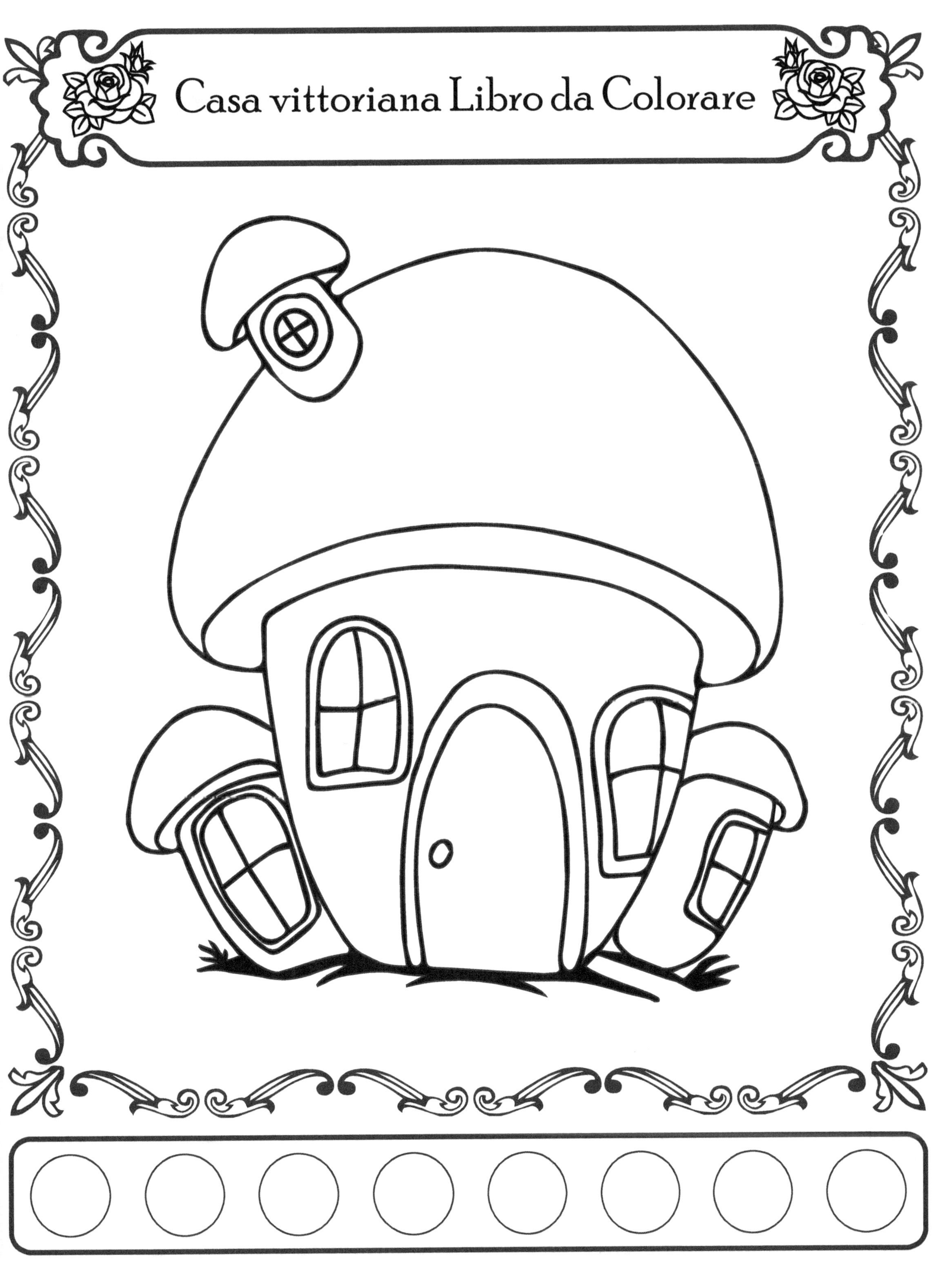

Casa vittoriana Libro da Colorare

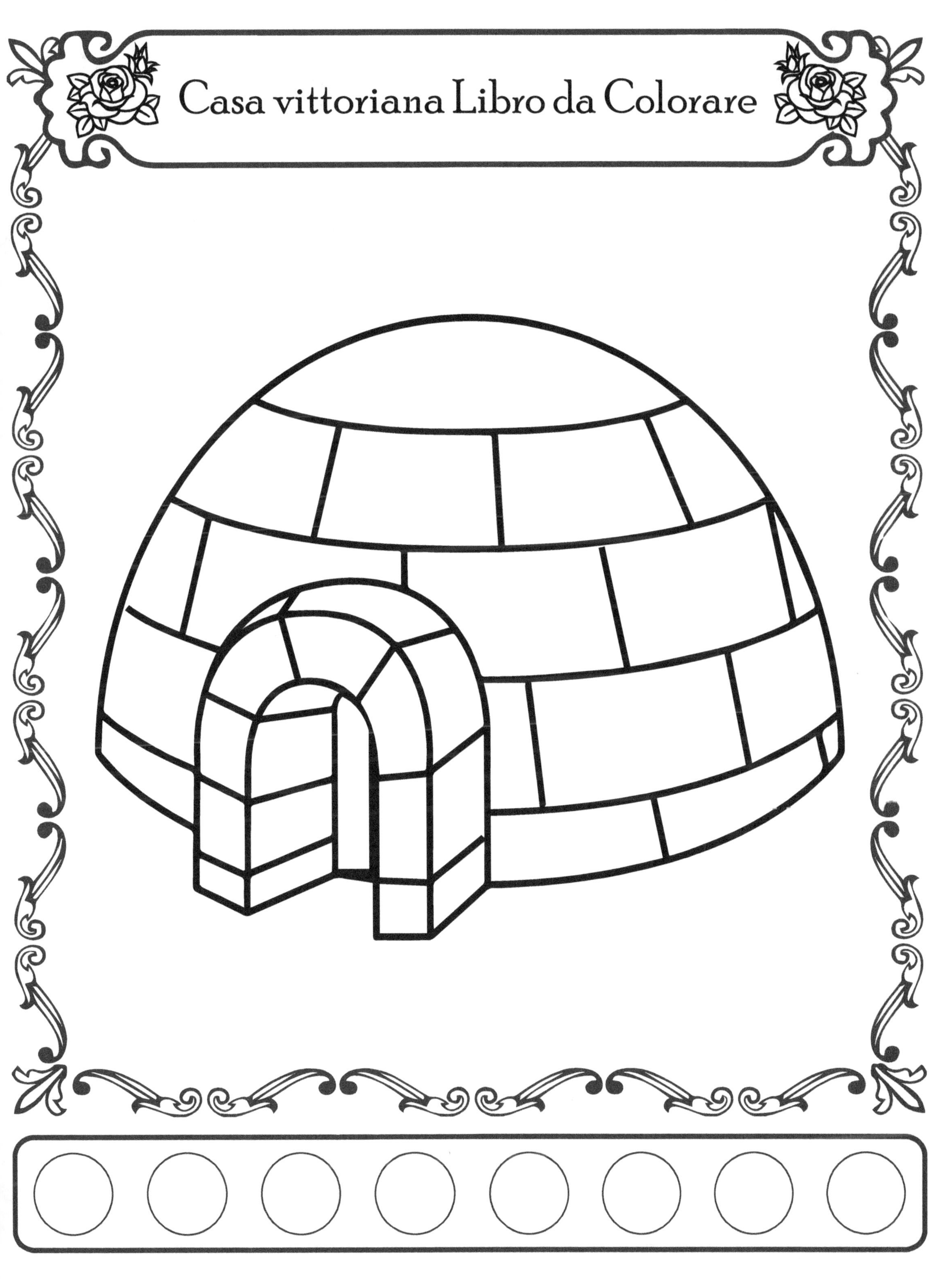

Casa vittoriana Libro da Colorare

Casa vittoriana Libro da Colorare

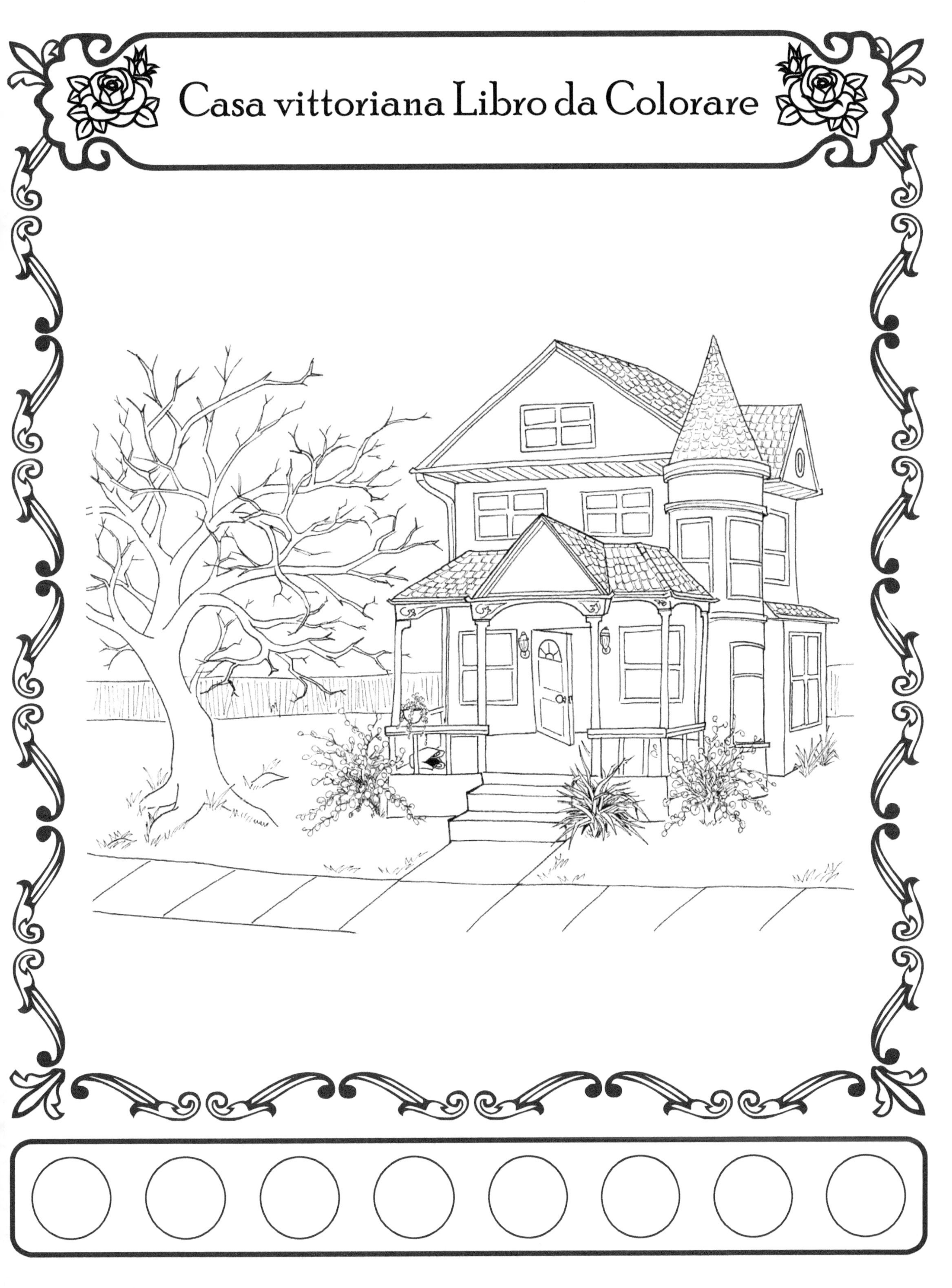

Casa vittoriana Libro da Colorare

Casa vittoriana Libro da Colorare

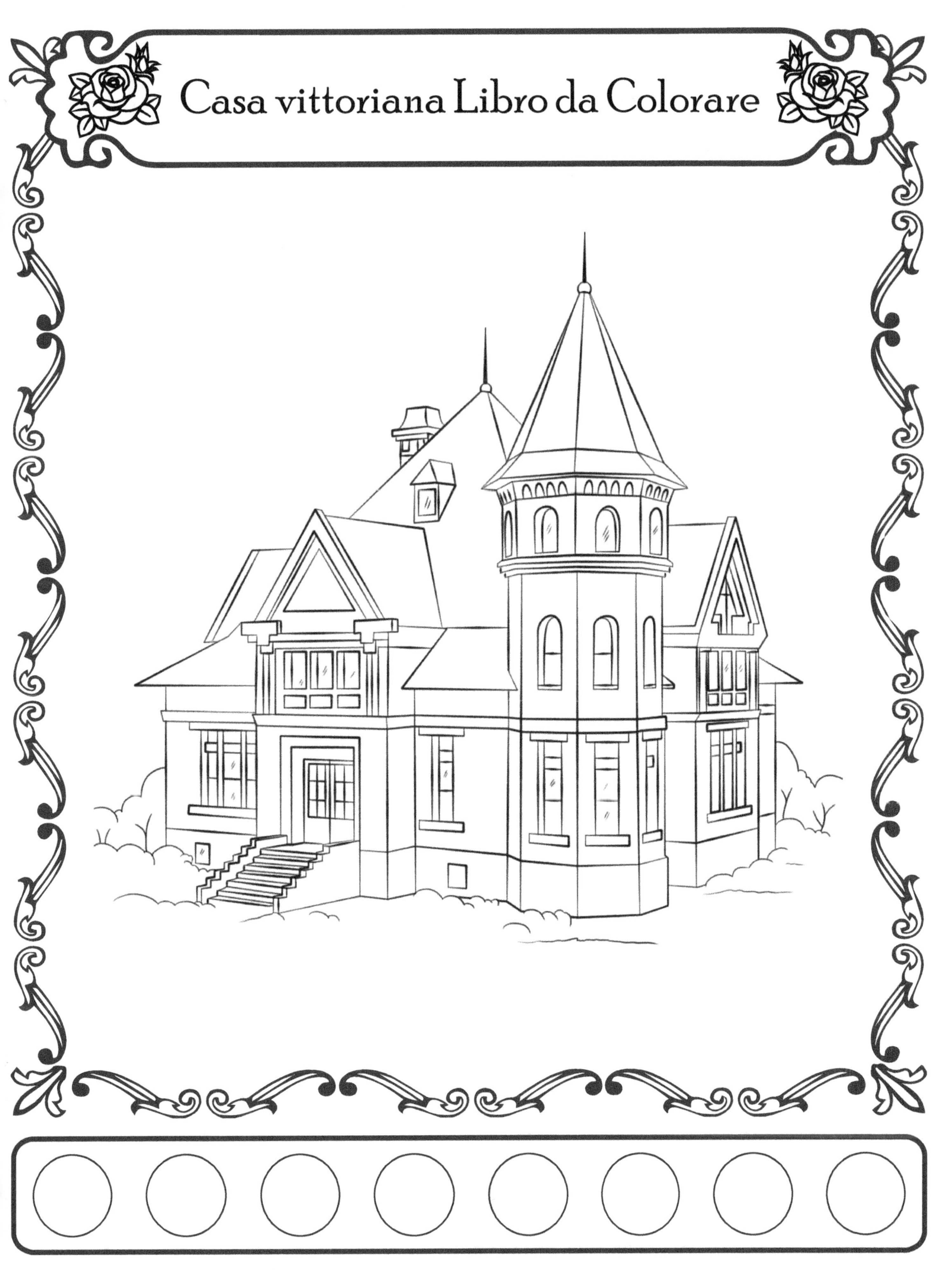

Casa vittoriana Libro da Colorare

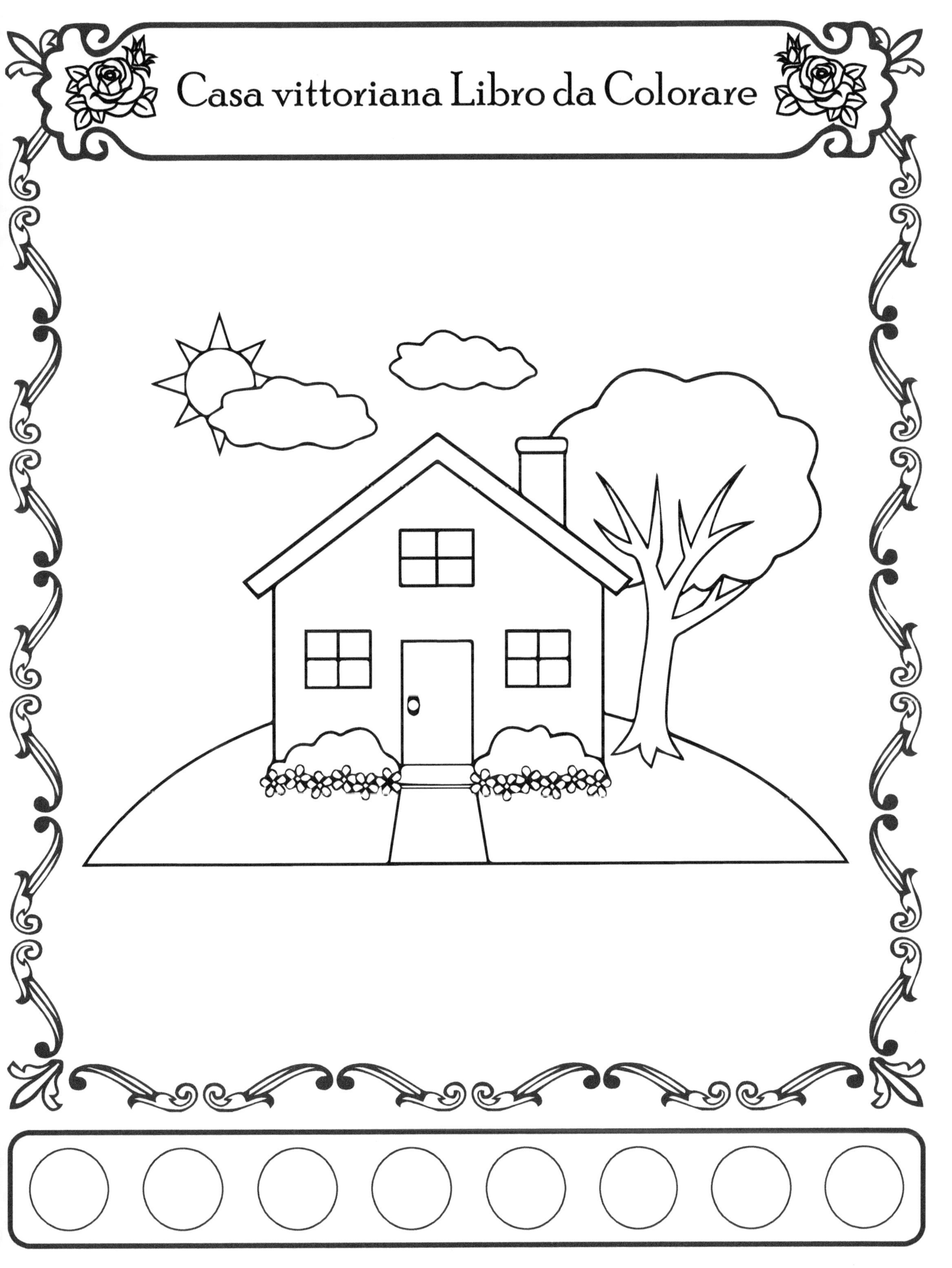

Casa vittoriana Libro da Colorare

Casa vittoriana Libro da Colorare

Casa vittoriana Libro da Colorare

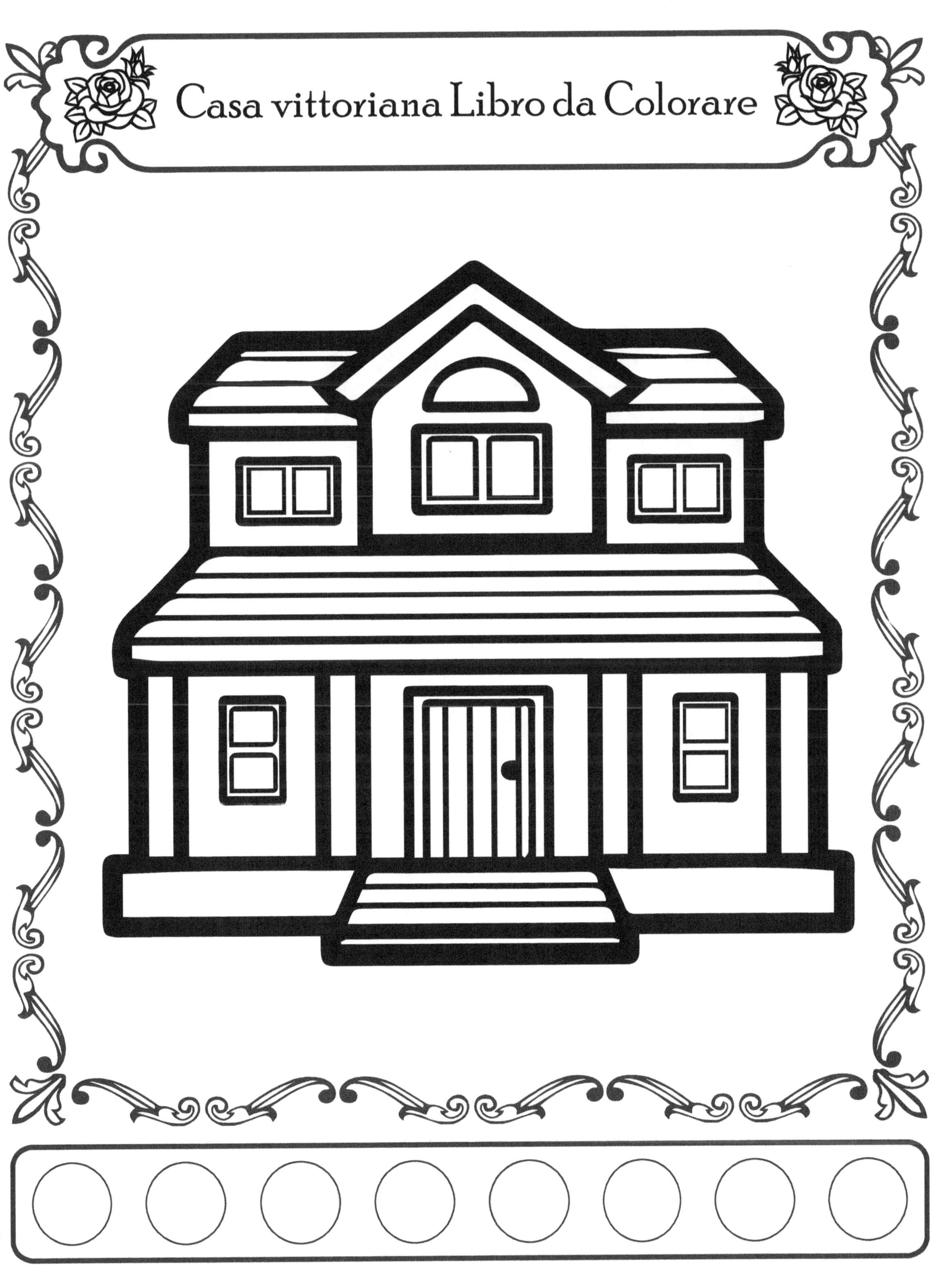

Casa vittoriana Libro da Colorare

Casa vittoriana Libro da Colorare

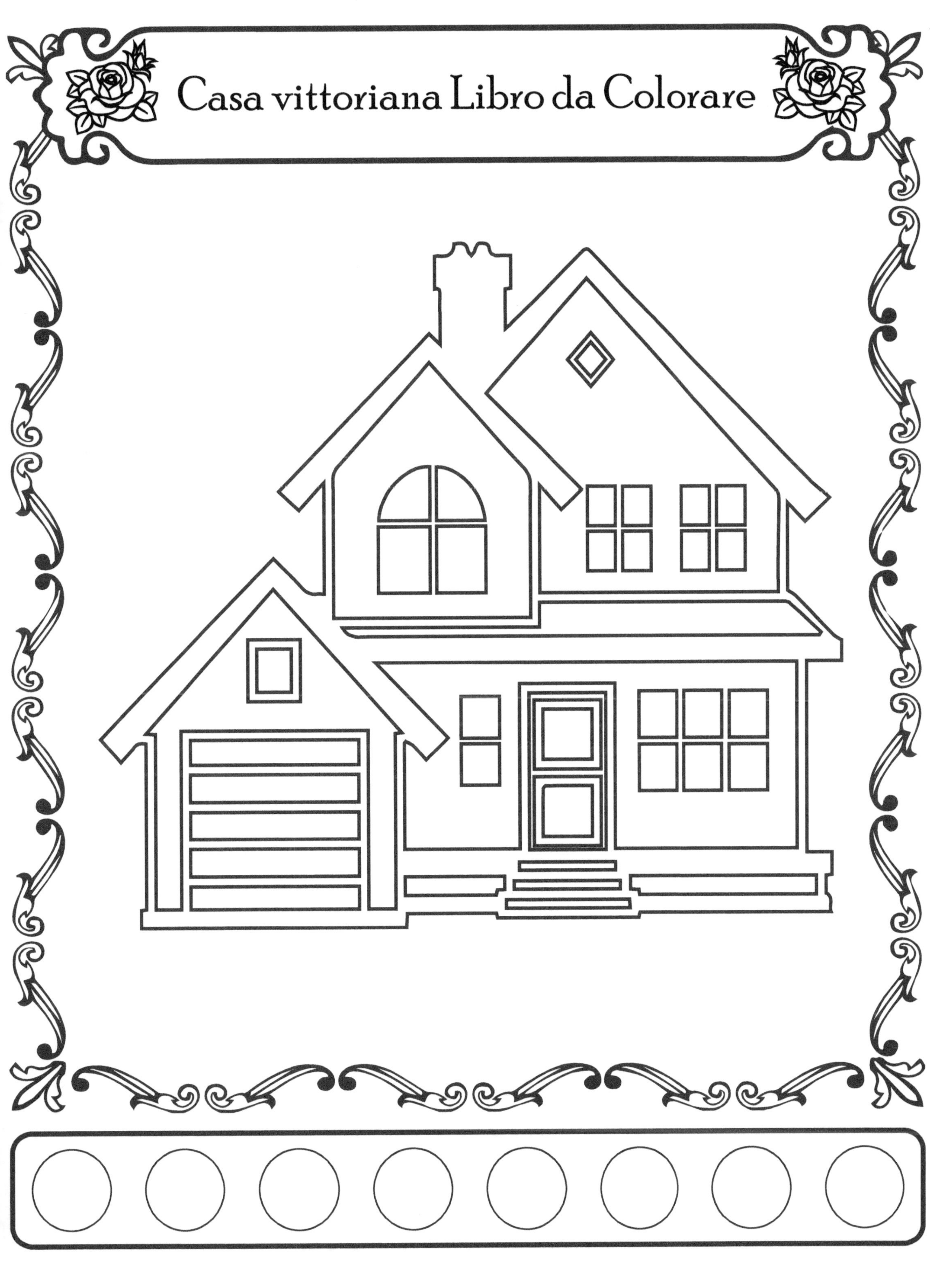

Casa vittoriana Libro da Colorare

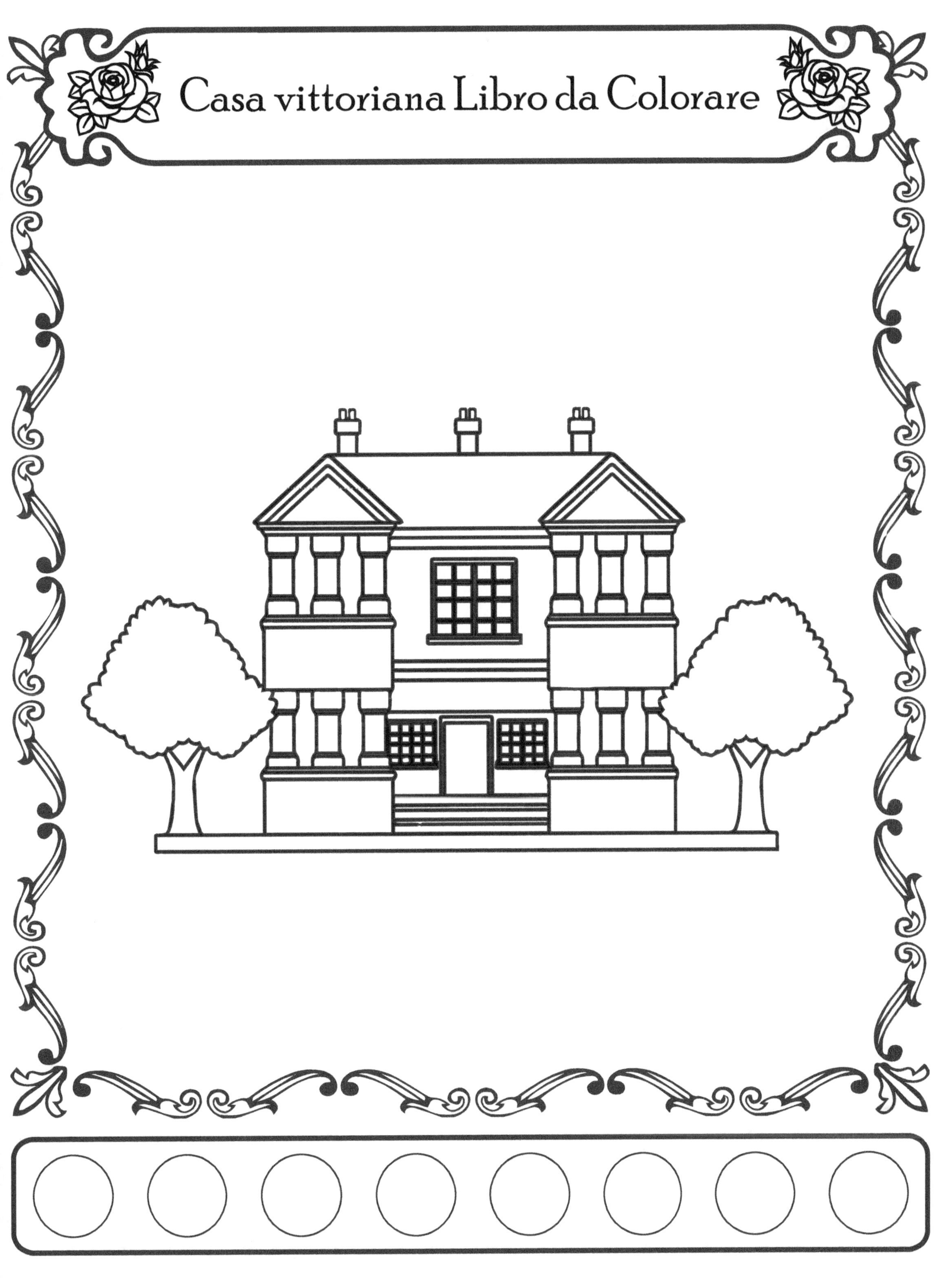
Casa vittoriana Libro da Colorare

Casa vittoriana Libro da Colorare

Casa vittoriana Libro da Colorare

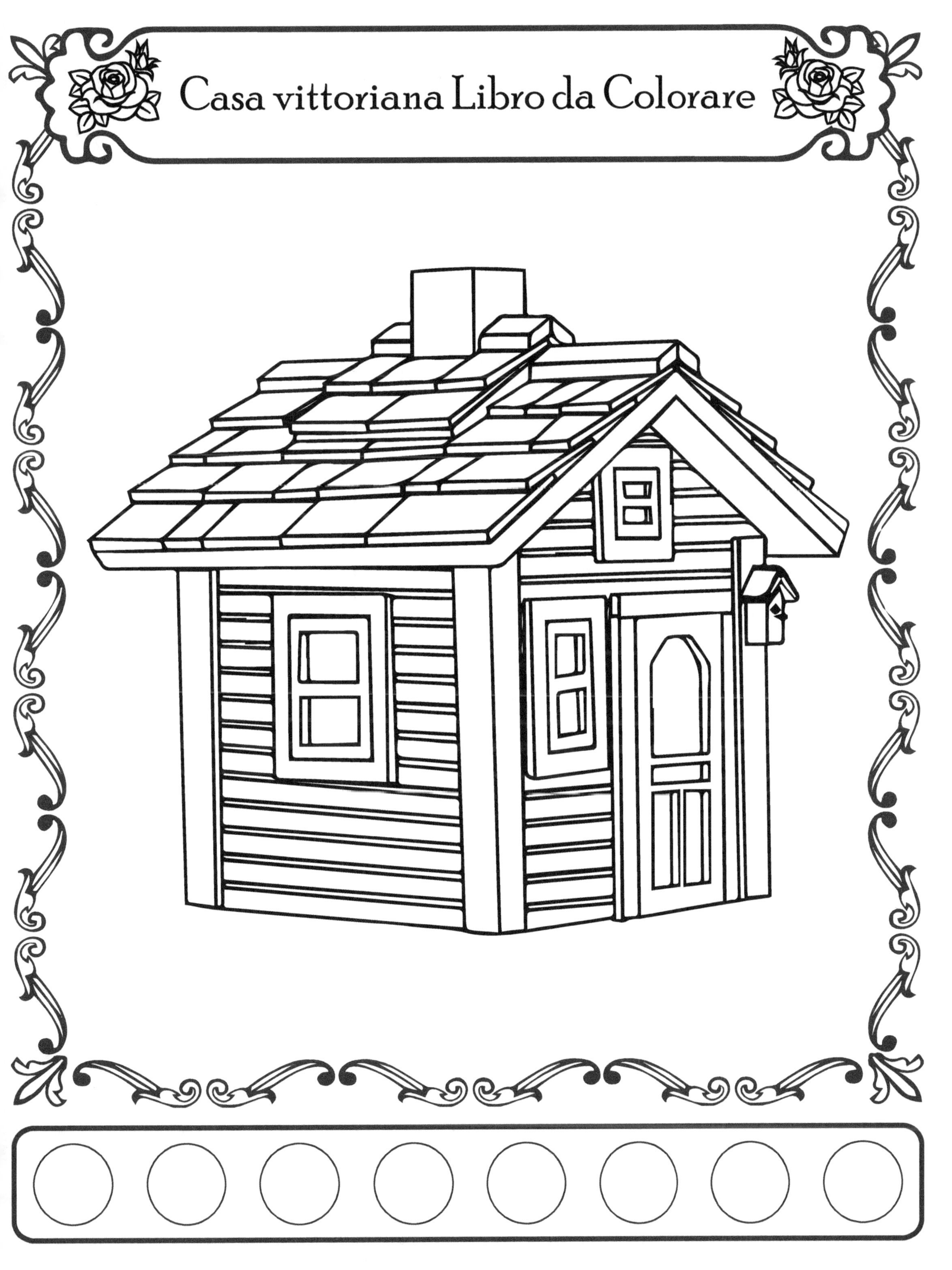

Casa vittoriana Libro da Colorare

Casa vittoriana Libro da Colorare

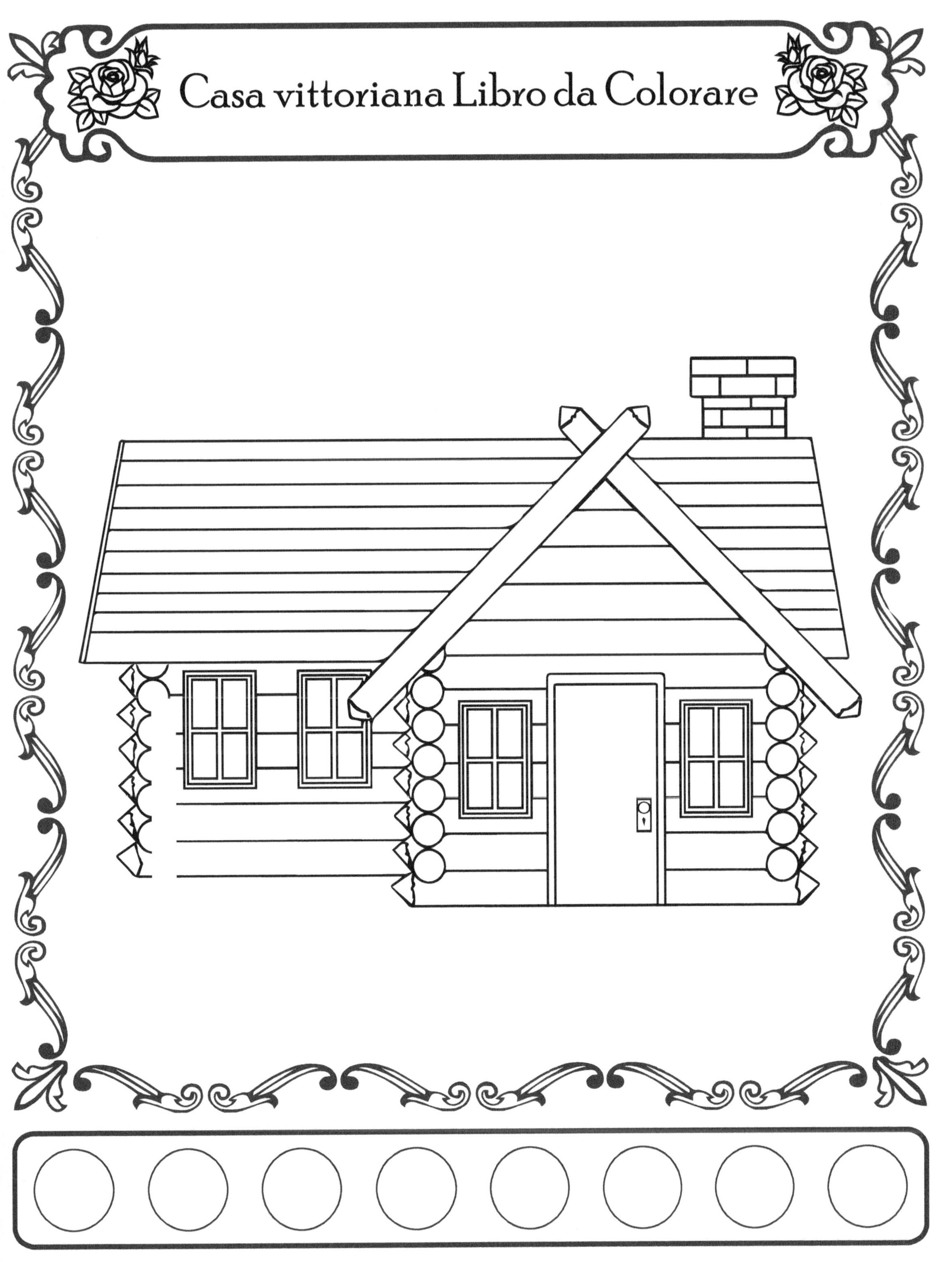

Casa vittoriana Libro da Colorare